- De Ti Budskapene -
Guds lov

Dr. Jaerock Lee

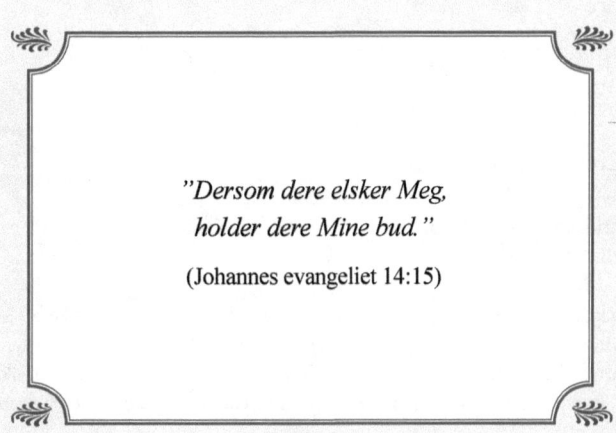

*"Dersom dere elsker Meg,
holder dere Mine bud."*

(Johannes evangeliet 14:15)

Guds Lov av Dr. Jaerock Lee
Utgitt av Urim Bøkene (Representant: Sungnam Vin)
73, Yeouidaebang-ro 22-gil, Dongjak-gu, Seoul, Korea
www.urimbook.com

Alle rettigheter er reservert. Denne boken eller deler av den må ikke bli kopiert i noen som helst form, oppbevart i et gjennfinnings system, eller videresendt i noen som helst form eller på noen som helst måte, elektronisk, mekanisk, kopiert, innspilt eller på noen annen måte uten skriftelig tillatelse på forhånd ifra forlaget.

Copyright © 2020 av Dr. Jaerock Lee
ISBN: 979-11-263-0562-9 03230
Oversettelses Opphavsrett © 2010 av Dr. Esther K. Chung. Brukt ved tillatelse.

Tidligere utgitt på koreansk av Urim Bøkene, Seoul, Korea. Opphavsrettslig beskyttet © 2007 av Dr Jaerock Lee

Første Utgave februar 2020

Redigert av Dr. Geumsun Vin
Planlagt av Urim Bøkenes Redaktør Byrå
Utskrevet av Prione Trykkeri
Venligst ta kontakt med urimbook@hotmail.com for mer informasjon

Forord

Mens jeg var prest, mottok jeg mange spørsmål som for eksempel, "Hvor er Gud?" eller "Vis meg Gud," eller "Hvordan kan jeg møte Gud?" Mennesker spør slike spørsmål fordi de ikke vet hvordan de kan møte Gud. Men måten å møte Gud på er mye lettere enn vi tror. Vi kan møte Gud simpelthen bare ved å lære om Hans budskap og ved å adlyde dem. Men selv om mange mennesker er klar over dette, mislykkes de med å adlyde budskapene fordi de ikke forstår den egentlige åndelige betydningen som de har fått i hvert budskap, som kom på grunn av Faderens dype kjærlighet for oss.

Akkurat som et individ trenger en ordentlig utdannelse for å forberede seg på å møte samfunnet, trenger også Guds barn en vrikelig utdannelse for å bli forberedt på å møte himmelen. Det er her vi møter Guds lov. Guds lover, eller Hans Ti Budskap, burde bli gitt til hvert eneste Guds nye barn, og utført i hvert eneste kristelige liv. *Guds Lov* er budskap som Gud skapte for oss ved å få oss nærmere Ham, få svar ifra Ham, og være sammen med Ham. Å lære *Guds Lov* er med andre ord vår inngangsbillett til å møte Gud.

Rundt 1446 f. Kr., like etter at isralittene forlot Egyot, ville Gud føre dem inn i landet som fløt av melk og honning, også kalt landet Kana'an. For at dette kunne skje, måtte isralittene forstå Guds vilje, og de trang også å vite hva det virkelig betydde å bli Guds barn. Det er derfor Gud elskelig risset inn de Ti Budskapene, som summerer opp alle Hans lover, på de to steintavlene (2. Mosebok 24:12). Da ga Han tavlene til Moses slik at Han kunne oppdra isralittene om hvordan de kunne komme til der Gud ville at de skulle være, som er nøyaktig i Hans nærværelse, ved å lære dem forpliktelsene som de må ha som Guds barn.

For omkring 30 år tilbake, etter at jeg hadde møtt den

levende Gud, begynte jeg å lære og adlyde Hans lov mens jeg gikk i kirken og søkte etter hver eneste oppvekkelse som jeg kunne finne. Jeg begynte å lære å holde Sabbat dagen hellig, ved å starte med å slutte å røyke og drikke og gi trofaste tiendedeler, be, etc. I en liten notisbok, begynte jeg å skrive ned syndene som jeg ikke kunne kaste bort med en gang. Så ba og fastet jeg, og spurte Gud om å hjelpe meg med å adlyde Hans budskaper. Velsignelsen som jeg mottok på grunn av dette var utrolig!

Først velsignet Gud vår familie fysisk slik at ingen av oss noen gang ble syke. Så ga Han oss så mye økonomiske velsignelser at vi fritt kunne fokusere oss på å hjelpe de i nød. Til slutt ga Han meg så mye åndelige velsignelser at jeg nå kan lede en global prestetjeneste som har blitt siktet mot verdens forkynnelsen og misjonene.

Hvis du lærer om Guds budskap og adlyder dem, vil du ikke bare bli vellykket på alle områdene i livet ditt, men du vi også kunne erfare en ære like skinnende som solen, så fort du stiger inn i Hans evige rike.

Denne boken *Guds Lov* er en kompilering av en rekke gudstjenester som var basert på Hans ord, og inspirasjonen om "De Ti Budskapene" som jeg mottok mens jeg fastet og ba rett etter at jeg begynte min prestetjeneste. Gjennom disse budskapene, var det mange troende som begynte å forstå Guds kjærlighet, begynte å leve et lydig liv ved å holde Hans budskap, og blomstret derfor åndelig på alle måter i livene deres. Det er også mange troende som opplever å motta svar på hver eneste bønn. Det viktigste er at de alle vil få et større håp om himmelen.

Så hvis du begynner å kjenne til den åndelige betydningen med de Ti Budskapene som har blitt diskutert her i denne boken, og begynner å forstå Guds dype kjærlighet, Han som ga oss de Ti Budskapene, og bestemmer deg for å leve i lydighet etter Hans budskap, kan jeg garantere deg at du vil motta utrolige velsignelser fra Herren. I 5. Mosebok 28:1-2, står det at du vil bli velsignet hele tiden: *"Hvis du er lydig mot HERREN din Gud og legger vinn på å leve etter alle hans bud som jeg gir deg i dag, vil HERREN din Gud sette deg høyt over alle folkeslag på jorden. Og alle disse velsignelsene skal komme over deg og nå deg, så sant du er lydig mot HERREN din Gud."*

Jeg vil gjerne takke Geumsun Vin, Direktøren for Redaksjonsbyrået, Urim Bøkene, og hennes ansatte for deres uforlignelige hengivenhet og uerstattelige bidrag til lagingen av denne boken. Jeg ber også i Herrens navn om at alle de som støter på denne boken vil lett forstå Guds lov, og adlyde Hans budskap for å bli mere elsket, og derfor bli et mere velsignet barn til Gud.

Jaerock Lee

Innledning

Vi gir all æren til Gud Faderen for at Han tillot oss å samle sammen undersøkelsen om de Ti Budskapene, som inneholder Guds hjerte og vilje, inn i denne boken, *Guds Lov*.

Først gir "Guds Kjærlighet som Blir Vist i de Ti Budskapene" leseren den nødvendige bakgrunns informasjonen om de Ti Budskapene. Det svarer på spørsmålet, "Hva er egentlig de Ti Budskapene?" Dette kapittelet forklarer også at Gud ga oss de Ti Budskapene fordi Han elsker oss, og at Han til slutt vil velsigne oss. Så når vi adlyder hvert budskap med makten av Guds kjærlighet, da kan vi motta alle velsignelsene Han har for oss.

I "Det Første Budskapet," lærer vi at hvis noen elsker Gud, kan han eller henne lett adlyde Hans budskap. Dette kapittelet vil også gå over spørsmål om hvorfor Gud befaler oss i det første budskapet om å ikke sette noen andre guder foran Ham.

"Det Andre Budskapet" dekker viktigheten med å aldri tilbe falske idoler-eller på en åndelig måte-ha noen som en vil elske mer enn Gud. Her lærer vi også om de åndelige konsekvensene om når vi tilbeder falske idoler og når vi ikke, og de spesielle velsignelsene og forbannelsene som kommer inn i livet vårt på grunn av dette.

Kapittelet om "Det Tredje Budskapet" forklarer om hva det betyr å ta HERRENs navn forgjeves, og hva en burde gjøre for å unngå å gjøre dette.

I "Det Fjerde Budskapet" lærer vi om den virkelige meningen med "Sabbaten," og hvorfor Sabbaten forandret seg ifra lørdag til søndag, fra det Gamle Testamentet til det Nye Testamentet. Dette kapitlet forklarer også nøyaktig om hvordan en burde beholde Sabbatens dag hellig, nemlig på tre forskjellige måter. Dette kapittelet beskriver også betingelsene hvor unntagene til dette budskapet kan bli benyttet—når en arbeider og hvor handels transaksjoner på Sabbaten kan være tillatt.

"Det Femte Budskapet" forklarer i detalje om hvordan en burde ære ens foreldre på en gudfryktig måte. Vi lære også om hva det betyr å ære Gud, Han som er Faderen av vår Ånd, og hva slags velsignelser vi mottar når vi ærer Ham, og våre fysiske foreldre, i Hans sannhet.

Kapittelet om "Det Sjette Budskapet" inneholder to deler: den første delen retter oppmerksomheten sin mot synden med å myrde fysisk, og den andre delen er en åndelig forklaring med å begå den morderiske synden inne i ens hjerte, som mange troende kanskje er skyldige i, men sjelden innser at de begår.

"Det Sjuende Budskapet" går igjennom den fysiske synden med å begå utroskap og synden med å begå utroskap i ens hjerte eller sinn, som egentlig er den mest skremmende av de to syndene. Dette kapittelet går også gjennom den åndelige betydningen med å begå denne synden, og prosessen med bønner og fasting hvor en kan kaste vekk denne synden gjennom hjelpen av den Hellige Ånden og Guds nåde og makt.

"Det Åttende Budskapet" beskriver den fysiske definisjonen av stjeling, og den åndelige definisjonen av stjeling. Dette kapittelet forklarer også spesielt hvordan en vil synde ved å stjele fra Gud ved å ikke gi hans tiendedel og offringer, eller ved å til og med mishandle Guds ord.

"Det Niende Budskapet" dreier seg om de tre forskjellige typene med å gi falske vitnemål, eller lyve. Dette kapittelet legger også trykk på hvordan en kan dra ut roten av ens svik fra ens hjerte ved å istedenfor fylle ens hjerte med sannheten.

"De Ti Budskapene" forklarer om tilfellene hvor vi kan synde på grunn av et begjær vi har for vår nabo. Vi kan også her lære at en sann velsignelse er når vår sjel vokser, for vi kan motta velsignelsen med å bli vellykket på alle måter i livene våres når vår sjel vokser.

Til slutt, i det siste kapittelet, "Loven om å Holde Seg til Gud," idet vi studerer presteembete til Jesus Kristus som utfylte Loven med kjærlighet, lærer vi at vi må ha kjærlighet for å kunne fullføre Guds ord. Vi lærer også om kjærligheten som til

Innledning · xv

og med strekke seg utenom rettferdigheten.

Jeg håper at denne teksten vil hjelpe deg, leseren, å fullstendig forstå den åndelige meningen med de Ti Budskapene. Og idet dere adlyder HERRENs budskap, håper jeg at dere alltid vil være i Guds klare tilværelse. Jeg ber også i Herrens navn at mens vi fullfører Hans lov, vil du komme til stedet i ditt åndelige liv hvor alle dine bønner blir besvart, og Hans velsignelser vil overflomme dem på alle områdene i livet ditt!

Geumsun Vin
Direktøren av Redaktørbyrået

Innhold

Forord
Innledning

1. Kapittel
Guds Kjærlighet som Blir Vist i de Ti Budskapene   1

2. Kapittel Det Første Budskapet
"Du Skal Ikke Ha Noen Annen Gud enn Meg"   11

3. Kapittel Det Andre Budskapet
"Du Skal Ikke Lage Et Idol For Deg selv eller Tilbe Det"   27

4. Kapittel Det Tredje Budskapet
"Du Skal Ikke Misbruke HERRER Din Guds Navn"   47

5. Kapittel Det Fjerde Budskapet
"Husk å Holde Sabbaten Hellig"   63

6. Kapittel Det Femte Budskapet
"Du Skal Hedre Din Far og Din Mor"   81

7. Kapittel Det Sjette Budskapet
"Du Skal Ikke Slå i Hjel" 93

8. Kapittel Det Sjuende Budskapet
"Du Skal Ikke Bryte Ekteskapet" 109

9. Kapittel Det Åttende Budskapet
"Du Skal Ikke Stjele" 125

10. Kapittel Det Niende Budskapet
"Du Skal Ikke Vitne Falskt Mot Din Neste" 141

11. Kapittel Det Tiende Budskapet
"Du Skal Ikke begjære Din Nestes Hus" 155

12. Kapittel
Loven om å Holde Seg til Gud 169

1. Kapittel

Guds Kjærlighet som Blir Vist i de Ti Budskapene

2. Mosebok 20:5-6

"Du skal ikke tilbede dem og ikke dyrke dem! For Jeg, HERREN din Gud, er en nidkjær Gud. Jeg lar straffen for fedrenes synd komme over barn i tredje og fjerde ledd, når de hater meg, men jeg viser miskunn i tusen ledd mot dem som elsker Meg og holder Mine Bud."

Guds Kjærlighet som Blir Vist i de Ti Budskapene · 3

For fire tusen år siden, valgte Gud Abraham, som troens far. Gud velsignet Abraham og laget en pakt med ham hvor Han lovte at hans etterkommere ville bli like mange som stjernene i himmelen og sandkornene på stranden.

Og i Hans levetid, dannet Gud trofast nasjonen Israel gjennom de tolv sønnene til Abraham barnebarn, Jakob. Under Guds forsyn, flyttet Jakob og sønnene hans til Egypt for å unngå en hungersnød og bodde der i 400 år. Dette var alt en del av Gud kjærlige plan om å beskytte dem fra invasjonen av de Hedniske nasjonene til de kunne vokse til en større og sterkere nasjon.

Jakobs familie som hadde bestått av sytti mennesker vokste når de først flyttet til Egypt til de hadde blitt et stort nok antall til å danne en nasjon. Og idet denne nasjonen vokste sterkere, valgte Gud en person ved navnet Moses, til å bli en leder for Israel. Så ledet Gud disse menneskene til det Forjettede Landet Kana'an, landet som fløt av melk og honning.

De Ti Budskapene var de elskede ordene som Gud ga isralittene mens Han ledet dem til det Forjettede Landet.

For at isralittene kunne komme inn i det Forjettede Landet Kana'an måtte de møte to kvalifikasjoner: de måtte ha tro på Gud; og de måtte adlyde Ham. Men uten en viss standard for deres tro og lydighet, ville de ikke ha forstått hva det virkelig betyr å ha tro og å være lydig. Det er derfor Gud ga dem de Ti Budskapene gjennom deres leder Moses.

De Ti Budskapene er en liste med regler som setter en standard som menneskene skal følge, men Gud tvang dem ikke autokratisk til å adlyde budskapene. Bare etter at Han hadde vist dem og gitt dem erfaring med Hans vidunderlige makt-ved å gi de ti plagene til Egypt, dele Rødehavet, forandre det bitre vannet til søtt vann på Marah, mate isralittene med manna og vaktel-ga Han dem de Ti Budskapene etterpå.

Den viktigste delen av informasjonen her er at hvert eneste ord fra Gud, inkludert de Ti Budskapene, ikke bare ble gitt til isralittene, men til alle de som trodde på Ham i dag, som en snarvei for å motta Hans kjærlighet og velsignelser.

Hjertet til Gud Som Ga Budskapene

Ved barnefødsel lærer foreldrene barna deres mange regler som for eksempel "Du må vaske hendene dine etter at du har lekt ute," eller "Ta alltid et teppe over deg når du sover," eller "Kryss aldri gaten når fotgjengertegnet er rødt."

Foreldre bombarderer ikke barna deres med disse reglene for å gi dem vanskeligheter. De lærer dem alle disse reglene fordi de elsker dem. Det er naturlig foreldrenes ønske å beskytte barna deres fra sykdommer og fare, å holde dem trygge, og hjelpe dem med å leve fredfult gjennom hele livet deres. Det er den samme grunnen Gud ga de Ti Budskapene til oss, Hans barn: fordi Han elsker oss.

I 2. Mosebok 15:26 sier Gud, *"Dersom du hører på HERREN din Guds røst og gjør det som er rett i Hans øyne, dersom du gir akt på Hans bud og holder alle Hans forskrifter, da skal jeg spare deg for alle de sykdommer jeg la på egypterne. For jeg er HERREN, din lege."*

I 3. Mosebok 26:3-5, sier Han, *"Hvis dere lever etter mine forskrifter og gir akt på mine bud og holder dem, vil jeg sende dere regn i rett tid. Jorden skal gi grøde og trærne på marken frukt. Tresketiden skal vare helt til vinhøsten, og vinhøsten skal vare til kornet blir sådd. Dere skal spise dere mette av eget brød og bo trygt i deres land."*

Gud ga oss budskapene slik at vi kan vite hvordan vi skal møte Ham, motta Hans velsignelser og svare på bønnene, og til slutt leve med fred og lykke i livene våres.

En annen grunn til at vi må adlyde Guds lover, medberegnet de Ti Budskapene, er på grunn av de rettferdige lovene til den åndelige verden. Akkurat som ethvert land har deres egne lover, har Guds kongerike åndelige lover om ble satt opp av Gud. Selv om Gud skapte universet og Han er Skaperen som har fullstendig kontroll over livet, døden, forbannelsene, og velsignelsene, er Han ikke en totalitær. Det er på grunn av dette at selv om Han er Skaperen av lovene, holder Han også selv på disse lovene veldig alvorlig.

Akkurat som vi overholder lovene i landet vi bor i, burde vi også rettmessig overholde lovene til Gud og Hans kongerike hvis vi har akseptert Jesus Kristus som vår Frelser og har blitt Guds barn og så blitt borgere i Hans kongerike.

I 1. Kongeboken 2:3 er det skrevet, *"Gi akt på det som HERREN din Gud har bestemt. Gå på Hans veier og hold Hans forskrifter, bud, lover og påbud, slik de står skrevet i Moses lov. Da skal det lykkes for deg, alt det du gjør og tar deg fore."*

Å adlyde Guds lov betyr å adlyde Guds ord, inkludert de Ti Budskapene, som har blitt nedskrevet i Bibelen. Når du adlyder disse ordene, kan du motta Guds beskyttelse og velsignelser og vokse samme hvor du går.

På den annen side, når du bryter Guds lov, vil fienden Satan ha rettigheten til å gi deg fristelser og vanskeligheter, slik at Gud ikke kan beskytte deg. Å bryte Guds budskap er å synde, og en blir derfor en slave til synd og Satan, som helt til slutt vil lede deg til helvete.

Gud Vil Gjerne Velsigne Oss

Så hovedgrunnen til at Gud ga oss de Ti Budskapene er fordi Han elsker oss og Han vil velsigne oss. Han vil ikke bare at vi skal erfare evige velsignelser i himmelrike, men Han vil også at vi skal motta Hans velsignelser her på jorden og også bli vellykket i alt det vi gjør. Når vi innser denne kjærligheten som Gud har, kan vi bare være takknemlige til Gud for at Han gir oss budskapene og vi burde med glede adlyde dem.

Vi kan se at barn prøver veldig hardt å adlyde foreldrene deres så fort de virkelig innser hvor mye deres foreldre elsker dem. Selv om de mislykkes med å adlyde foreldrene deres og blir irettesatt, vil de kanskje si, "Mor/Far, jeg vil prøve å bli bedre neste gang," og springe inn i armene til foreldrene deres, fordi de forstår at foreldrene deres bare irettesetter dem på grunn av at de er glade i dem. Og ettersom de vokser opp og får en dypere forståelse på deres foreldres kjærlighet og velvære overfor barna, vil barna adlyde deres foreldres lære for å gi dem glede.

Deres foreldres virkelige kjærlighet er det som virkelig får barna deres til å adlyde. Dette er det samme som når vi adlyder Guds ord som har blitt nedskrevet i Bibelen. Mennesker prøver sitt beste med å adlyde budskapene så fort de forstår at Gud elsket oss så mye at Han sendte Hans eneste Sønn, Jesus Kristus, til denne verden for at Han skulle dø på korset for oss.

Det faktum er at jo større tro vi har i Jesus Kristus, Han som ikke hadde noe som helst synd, tok alle slags forfølgelser idet Han døde på korset for våre synder, jo større glede har vi idet vi adlyder disse budskapene.

Velsignelsene Som Vi Mottar Når Vi Adlyder Hans Budskap

Våre troende forfedre, som adlød hvert eneste ord ifra Gud og som levde fullstendig ifølge Hans budskap, mottok store velsignelser og æret Gud Faderen med hele deres hjerte. Og i dag lyser de sannhetens evige lys på oss som aldri vil slukne.

Abraham, Daniel, og apostelen Paulus er noen av disse troende menneskene. Og selv i dag er det mange troende mennesker som fortsetter å gjøre som disse menneskene gjorde.

For eksempel hadde den sekstende presidenten i Amerika, Abraham Lincoln, bare ni måneder med undervisning, men på grunn av hans prisverdige personlighet og evner, er han elsket og respektert av mange mennesker i dag. Abrahams mor, Nancy Hanks Lincoln, døde når Lincoln bare var ni år gammel, men mens hun levde, lærte hun ham å lære utenat korte vers ifra Bibelen og adlyde Guds budskap.

Og når hun visste at hun skulle dø, tilkaldte hun sin sønn og ga ham disse siste ordene, "Jeg vil at du skal elske Gud og adlyde Hans budskap." Ettersom Abraham Lincoln vokste opp, ble en berømt politiker, og forandret historien med å oppheve slaveri, lå de seksti-seks bøkene fra Bibelen alltid like ved siden av ham. For mennesker som Lincoln som holdt seg nærme Gud og adlød Hans ord, vil Gud alltid vise dem bevis på Hans kjærlighet.

Det var ikke lenge etter at jeg hadde startet kirken at jeg

besøkte et par som hadde vært gift i mange år, men som ikke kunne få barn. Med den Hellige Ånds ledelse, ga jeg en bønn og velsignelse til parret. Og så ba jeg om et spesielt ønske. Jeg ba dem om å holde Sabbaten hellig ved å be til Gud hver eneste søndag, gi tiendedeler, og adlyde de Ti Budskapene.

Dette parret som var ny i troen begynte å være med på gudstjenester hver eneste søndag og gi tiendedeler, ifølge Gud budskap. På grunn av dette mottok de velsignelsen med fødsel og fødte et friskt barn. Ikke bare det, de mottok også store økonomiske velsignelser. Nå tjener mannen kirken som en av de eldre, og hele familien er en stor støtte når det kommer til befrielse og misjonsvirksomhet.

Å holde på Guds budskap er det samme som å holde en lampe i et fullstendig mørke. Når vi har en skinnende lampe, behøver vi ikke å engste oss over å snuble over noe i mørket. På samme måte er det når Gud, Han som er lyset, er med oss, Han vil beskytte oss i alle omstendigheter, og vi kan nyte velsignelsene og myndigheten som har blitt reservert for alle barna til Gud.

Løsningen For å Motta Alt det Du Spør Etter

I 1. Johannes 3:21-22 står det, *"Mine kjære, dersom vårt hjerte ikke fordømmer oss, kan vi være frimodige overfor Gud. Og det vi ber om, får vi av Ham. For vi holder Hans bud og gjør det som er godt i Hans øyne."*

Er det ikke fint å vite at hvis vi bare adlyder de budskapene som er skrevet i Bibelen og gjør det som tilfredstiller Gud, kan vi modig spørre Ham om alt og Han vil svare oss? Hvor lykkelig vil ikke Gud være når Han ser på Hans lydige barn med Hans glødende øyne og kan svar på hver eneste en av deres bønner, ifølge loven til den åndelige verden!

Det er på grunn av dette at Guds Budskap er akkurat som en tekstbok med kjærlighet som lærer oss om den beste måten å motta Guds velsignelser på mens han blir oppdratt her på denne jorden. Budskapene lærer oss om hvordan vi kan unngå kalamaliter eller katastrofer og hvordan vi kan motta velsignelser.

Gud ga oss ikke budskapene for å straffe de som ikke følger dem, men for å la oss nyte de evige velsignelsene i Hans vakre kongerike i himmelen ved å adlyde Hans budskap (1. Timoti 2:4). Når du begynner å føle og forstå Guds hjerte og lever etter Hans budskap, kan du til og med motta mere av Hans kjærlighet.

Og idet du studerer hvert eneste budskap nærmere, og idet du følger hvert eneste budskap med den styrken som Gud gir deg med kjærligheten, burde du kunne motta alle velsignelsene som du ønsker ifra Ham.

2. Kapittel

Det Første Budskapet

"Du Skal Ikke Ha Noen Annen Gud enn Meg"

2. Mosebok 20:1-3

Gud talte alle disse ord:
"Jeg er HERREN din Gud, som førte deg ut av Egypt, ut av trellehuset. Du Skal Ikke Ha Noen Annen Gud enn Meg."

To mennesker som elsker hverandre vil føle lykke bare ved å være sammen. Det er derfor to elskere ikke engang føler kulde midt på vinteren når de holder sammen, og det er derfor de kan gjøre akkurat det den andre spør dem om, samme hvor vanskelig oppgaven er, så lenge deg gjør den andre personen lykkelig. Selv om de må offre seg selv for den andre personen, føler de seg lykkelige over at de kan gjøre noe for den andre personen, og de føler seg lykkelige når de ser gleden i den andre personens ansikt.

Dette er i likhet med vår kjærlighet for Gud. Hvis vi virkelig elsker Gud, skulle det ikke være vanskelig å adlyde Hans budskap, men det burde heller gi oss lykke.

De Ti Budskapene som Guds Barn Burde Overholde

I dag er det noen mennesker som kaller seg selv troende som sier, "Hvordan kan vi adlyde alle Guds Ti Budskaper?" De sier stort sett at fordi mennesker ikke er perfekte, kan vi ikke fullstendig adlyde de Ti Budskapene. Vi kan bare prøve å adlyde alle Budskapene.

Men i 1. Johannes 5:3 er det skrevet, *"Å elske Gud er å holde Hans bud. Og Hans bud er ikke tunge."* Dette betyr at beviset på at vi elsker Gud er at vi overholder Hans befalinger, og Hans befalinger er ikke tunge nok til at vi ikke kan overholde dem.

I det Gamle Testamentets tider måtte mennesker adlyde budskapene med deres egen vilje og styrke, men nå i det Nye Testamentets tider, vil alle som aksepterer Jesus Kristus som deres Frelser motta den Hellige Ånd som hjelper dem å være lydige.

Den Hellige Ånden er en og den samme som Gud, og som Guds hjerte, Den Hellige Ånd har rollen med å hjelpe Guds barn. Det er derfor den Hellige Ånden noen ganger megler for oss, trøster oss, leder våre handlinger, og får Guds kjærlighet til å strømme ut over oss slik at vi kan slåss mot synden, helt til vi blør, og handler ifølge Guds vilje (Apostelenes gjerninger 9:31, 20:28; Romerne 5:5, 8:26).

Når vi mottar denne styrken fra den Hellige Ånd, kan vi dypt forstå Guds kjærlighet, Han som ga oss Hans eneste Sønn, og så kan vi lett overholde det som ikke er lett å overholde med bare vår egen vilje og styrke. Det er fremdeles mennesker som sier at det er vanskelig å adlyde Guds budskap og som ikke engang prøver å adlyde dem. Og de fortsetter å leve midt i syndene. Disse menneskene elsker ikke virkelig Gud fra helt innerst inne i deres hjerter.

I 1. Johannes 1:6 står det, *"Hvis vi sier at vi har vennskap med Ham, men fremdeles spaserer i mørket, da lyver vi og vi er ikke ærlige"* og i 1. Johannes 2:4 står det, *"Den som sier, 'Jeg* har har blitt venner med Ham,' og som ikke overholder Hans budskap, er en løgner, og har ingen sannhet i ham."

Hvis Guds ord, som er sannheten og frøet av livet, ligger inne i noen, kan han ikke synde. Han vil bli ført til å leve i sannheten. Så hvis noen sier at de tror på Gud, men ikke adlyder Hans budskap, da betyr dette at han virkelig ikke er ærlig, og at han lyver til Gud.

Så hva er det aller første budskapet som Guds barn burde overholde, som beviser at de elsker Ham?

"Du Skal Ikke Ha Noen Annen Gud enn Meg"

"Du" refererer her til Moses, som mottok de Ti Budskapene direkte ifra Gud, isralittene som mottok budskapene gjennom Moses, og alle Guds barn som i dag har blitt frelst i Herrens navn. Hvorfor tror du at Gud befaler dem om ikke å sette andre guder foran Han selv som det aller første budskapet?

Dette er på grunn av at Gud alene er sannheten, den eneste levende Gud, den allmektige Skaperen av universet. Det er også bare Gud som har full kontroll over universet, menneskenes historie, livet og døden, og Han gir menneskene det sanne og det evige livet.

Gud er den som frelset oss ifra vårt slaveri av synder her i verden. Det er derfor vi ikke må sette noen andre guder i vårt hjerte bortsatt fra vår eneste Gud.

Men mange dumme mennesker holder seg langt unne Gud og bruker livet deres på å tilbe mange falske idoler. Noen tilbeder speilbilde av Buddha, som ikke engang kan blunke, noen tilbeder steiner, noen tilbeder gamle trær, og det er til og med noen som vender seg mot Nordpolen og tilbeder det.

Noen mennesker tilbeder naturen og de tilkaller navnene på veldig mange falske guder ved å idolisere døde mennesker. Hver eneste rase og hver eneste nasjon har deres egne type idoler. Bare i Japan alene sier de at de har så mange idoler at de har åtte millioner forskjellige guder.

Så hvorfor tror du at menneskene lager alle disse falske idolene og tilber dem? Det er på grunn av at de prøver å finne en måte å trøste seg selv på, eller kanskje de bare følger deres forfedres gamle tradisjoner som bare tilfeldigvis var gale. Eller de har kanskje også et egoistisk ønske om å motta flere velsignelser eller flere gode rikdommer ved å tilbe mange forskjellige guder.

Men en ting som vi må være klar over er at utenom Gud Skaperen, er det ingen annen gud som har makten til å gi oss velsignelser, eller bare frelse oss.

Bevisene på Gud Skaperens Natur

Det har blitt skrevet i Romerne 1:20, *"Hans usynlige vesen, både Hans usynlige kraft og Hans gudommelighet, har de fra verdens skapelse av kunnet se og erkjenne av Hans gjerninger. Derfor har de ingen unnskyldning."* Hvis vi ser på universets lov, kan vi se at en fullstendig Skaper eksisterer, og at det bare er en Gud Skaperen.

Når vi for eksempel ser på menneske rasen her på jorden, vil alle menneskekroppene ha den samme funksjonen. Samme om en person er sort eller hvit, samme hvilken rase de kommer fra, eller hvilket land de kommer ifra, har de to øyne, to ører, en nese, og en munn, samlet på omtrent det samme stedet i ansiktet deres. Dette er også på samme måte med dyr.

Elefanter er dyr med lange neser. Men se hvordan de har en lang nese, og to nesebor. Kaniner med lange ører, og skremmende løver har også samme antall øyner, munn, og ører på samme stedet som menneskene. Mange andre organismer, som for eksempel dyr, fisk, fugler, og til og med insekter-uansett de spesielle egenskapene som gjør dem forskjellige fra hverandre-har den samme kroppsbygningen og funksjonen. Dette beviser at det er en skaper.

Naturlig fenomena beviser også klart og tydelig om Gud Skaperens tilværelse. En gang om dagen lager jorden en full sirkel rundt dens egen aksel, og en gang om året, lager den en fullstendig rotasjon rundt solen, og en gang i måneden, dreier og roterer månen rundt jorden. På grunn av disse roteringene og omdreiningene, kan vi erfare mange naturlige tilfeller regelmessig. Vi har natt og dag, og de fire forskjellige sesongene. Vi har høyvann og lavvann, og på grunn av termisk oppvind erfarer vi sirkulasjon i atmosfæren.

Beliggenheten og bevegelsen av jorden gjør denne planeten til et perfekt tilholdssted og overlevelsen av menneskene, og alle andre levende organismer. Avstanden mellom solen og jorden kunne ikke ha vært nærmere, eller lengre vekk. Avstanden mellom solen og jorden har alltid hatt den mest perfekte avstanden siden tidens begynnelse, og jordens rotasjon og omdreining rundt solen har skjedd i lang tid, uten en eneste feil.

Siden universet ble skapt av, og blir styrt under Guds visdom, vil det skje veldig mange utrolige ting hver eneste dag, som menneskene aldri fullstendig vil forstå.

Med alle disse klare bevisene, kan ingen gi denne unnskyldningen den siste dommedagen, "Jeg kunne ikke tro fordi jeg ikke riktig visste at Gud eksisterte."

En dag, spurte herr Isaac Newton en erfaren mekaniker om å bygge en sofistikert modell av solsystemet. En ateist venn av han kom en dag og besøkte ham og så modellen av solsystemet. Uten mange tanker, dreide han på sveiven, og en virkelig utrolig ting skjedde. Hver eneste planet på modellen begynte å dreie seg rundt solen med forskjellig fart!

Hans venn kunne ikke hemmeliggjøre hans forbauselse, og sa overrasket, "Dette er virkelig en utrolig modell! Hvem har laget den?" Hva tror du Newton svarte? Han sa, "Å, det er ingen som har laget det. Det kom bare sammen slik ved en tilfeldighet."

Vennen hans følte det som om Newton skrønet med han, og svarte skarpt, "Hva?! Tror du jeg er en idiot? Hvordan kan en innviklet modell som denne bare oppstå av seg selv?"

På dette svarte Newton, "Dette er bare en liten modell av det virkelige solsystemet. Du krangler om at til og med en simpel modell som denne bare kan komme sammen uten en planlegger eller en skaper. Hvordan kan du så forklare til noen at solsystemet bare oppsto uten en skaper, det som er mye mere komplisert og stort?"

Det er dette Newton skrev i hans bok, The Philosophiæ Naturalis Principia Mathematica, som betyr "Det Matematiske Prinsippet av Den Naturlige Filosofien" og er ofte kaldt Principia, "Det vakreste systemet til solen, planetene, og kometene, kunne bare komme ifra rådføringen og makten av en intelligent og mektig Person.... Han [Gud] er evig og endeløs."

Det er derfor et stort antall vitenskapsmenn som studerer naturens lover som kristne. Det mere de studerer naturen og universet, jo mere oppdager de Guds allmektige makt.

Og dessuten gjennom mirakler og tegn som oppstår og skjer med de troende, viser Gud oss mange beviser slik at vi kan tro på Ham, den levende Gud, gjennom Guds tjenere og arbeidere som er elsket og anerkjent av Ham, og gjennom menneskenes historie som utfylte profeteringene ifra Bibelen.

Mennesker Som Kjente Igjen Gud Skaperen uten å Høre Evangeliet

Hvis du kikker på menneskenes historie, kan du se at mennesker med gode hjerter som ikke en eneste gang hørte om evangeliet anerkjente den eneste Gud Skaperen og prøvde å leve i rettferdigheten.

Mennesker med urene og forvirrede hjerter tilba mange forskjellige guder for å prøve å trøste seg selv. På den annen side tilba menneskene med oppriktige og rene hjerter bare en Gud, Skaperen, selv om de ikke kjente til Gud.

Admiral Soonshin Yi, som levde under Chosun Dynastiet i Korea, tjente hans land, kongen, og hans folk med hele sitt hjerte. Han æret hans foreldre, og i løpet av hele hans liv, prøvde han aldri å bare få hans egen gagn, men offret heller seg selv for andre. Selv om han ikke kjente til Gud og vår Herre Jesus, tilba han ikke shamans, demoner eller djevelske ånder, men med god samvittighet så han bare imot himmelrikene og trodde på en skaper.

Disse gode menneskene lærte aldri om Gud ord, men du kan se at de alltid prøvde å leve et rent og sant liv. Gud åpnet en vei slik at også disse menneskene kunne bli frelst, gjennom noe som blir kaldt "Dommen av Samvittigheten." Dette er Guds måte å gi frelse til disse menneskene fra det Gamle Testamentets tider, eller mennesker etter Jesus Kristus tid som aldri hadde hatt en sjanse til å høre evangeliet.

I romerne 2:14-15, er det skrevet, *"For når Hedninger som ikke har loven, av naturen gjør det den sier, er de sin egen lov, enda de ikke har loven. De viser med dette at lovens krav står skrevet i hjertet deres. Om det vitner også samvittigheten deres, når tankene deres anklager dem eller forsvarer dem."*

Når mennesker med god samvittighet hører evangeliet, vil de motta Herren i hjertene deres veldig lett. Gud tillot disse sjelene å midlertidig oppholde seg i det 'Øvre Dødsriket' slik at de kan komme inn i himmelrike.

Når en persons liv avslutter, vil hans ånd forlate hans fysiske kropp. Ånden vil midlertidig oppholde seg på et sted som blir kaldt "Dødsriket." Dødsriket er et midlertidig sted hvor han lærer å tilpasse seg den åndelige verden før en går til den evige plassen. Dette stedet er delt inn i det "Øvre Dødsriket," hvor de frelsede menneskene ventet, og det "Nedre Dødsriket," hvor de ikke frelsede sjelene ventet i lidelse (1. Mosebok 37:35; Job 7:9; 4. Mosebok 16:33; Lukas16).

Men i Apostlenes gjerninger 4:12 står det, *"Det finnes ikke frelse i noen annen, for under himmelen er det ikke gitt menneskene noe annet navn som vi kan bli frelst ved."* Så for å kunne være sikker på at disse sjelene i det Øverste Dødsriket fikk en sjanse til å høre evangeliet, dro Jesus til det Øverste Dødsriket for å dele evangeliet med dem.

Skriftene støtter dette fakta. I Peters 1. brev 3:18-19 står det, *"For Kristus selv led for synder, en gang for alle, den rettferdige for urettferdige, for å føre dere fram til Gud. Med kroppen døde han, men ved Ånden ble Han gjort levende, og i Ånden gikk Han bort og forkynte for Åndene som var i fangenskap."* De "gode" sjelene i det Øverste Dødsriket gjenkjente Jesus, mottok evangeliet, og ble frelst.

Så for menneskene som levde med en god samvittighet og trodde på den ene Skaperen, samme om de kom ifra det Gamle Testamentets tider eller om de aldri hadde hørt om evangeliet eller lovene, så den rettferdige Gud på dem innerst inne i deres hjerter og åpnet døren til frelse for dem.

Hvorfor Gud Befalte Dem Om Ikke Å Sette Noen Andre Guder Foran Ham

En gang iblandt sier de ikke troende, "Kristendommen krever at menneskene bare tror på Gud. Vil ikke dette gjøre religionen altfor ufleksibel og eksklusiv?"

Det er også mennesker som kaller seg selv troende, men som stoler på spåkoner, trolldom, tryllekunstnere og magi.

Gud fortalte oss spesielt alt vi ikke måtte kompromittere på dette området. Han sa, "Du skal ikke ha noen annen gud foran Meg." Dette betyr at vi aldri burde knytte oss til og velsigne falske idoler eller noen annen av Guds skapelser. Vi burde heller ikke sette dem som jevnbyrdig med Gud på noen som helst måte.

Det er bare en Skaper, som skapte oss, og det er bare Han som kan velsigne oss, og bare Han kan gi oss livet. De falske gudene og idolene som menneskene tilbeder kommer til slutt ifra fiende djevelen. De er fiendtlige overfor Gud.

Fiende djevelen prøver å forvirre menenskene med å komme seg vekk ifra Gud. Ved å tilbe ting som er falske ender de opp med å tilbede Satan, og de går mot deres egen undergang.

Det er på grunn av dette at folk som sier at de tror på Gud men som fremdeles tilbeder falske idoler i hjertene deres fremdeles er under fiende djevelens undertrykkelse. Og på grunn av dette fortsetter de med å erfare smerter og sorg og lider av sykdommer, plager, og motgang.

Gud er kjærlighet, og Han vil ikke at hans mennesker skal tilbe falske idoler og spasere mot den evige døden. Det er derfor Han befaler oss om å ikke ha andre guder enn Ham. Ved å bare tilbe Ham alene, kan vi ha evig liv, og vi kan også motta overflodig velsignelser fra Ham mens Han bor her på denne jorden.

Vi må Motta Velsignelser ved å Trofast Bare Stole på Gud

I 1. Krønikerbok 16:26 er det skrevet, *"Alle folkenes guder er ingenting verd. Det var HERREN som skapte himmelen."* Hvis Gud aldri hadde sagt, "Du skal aldri ha noen annen gud enn Meg," da ville kanskje rådville mennesker, eller til og med noen troende kanskje uvitende ende opp med å tilbe falske idoler og gå mot den evige døden.

Vi kan se dette i historien med bare isralittene. Isralittene, blandt alle andre mennesker, lærte om den eneste Skaperen i universet, og de erfarte Hans makt mangfoldige ganger. Men med tiden, kom de seg på avveie ifra Gud og begynte å tilbe andre guder og idoler.

De trodde idolene til Hedningene så gode ut, så de begynte å tilbe de idolene på samme rekke som Gud. På grunn av dette erfarte de alle slags fristelser, prøvelser, og plager som fiende djevelen og Satan ga dem. Bare når de ikke lenger kunne holde tilbake smertene og vanskelighetene lenger, kunne de angre og vende seg tilbake til Gud.

Grunnen til at Gud, som er kjærligheten, tilga dem om og om igjen og reddet dem fra deres problemer var på grunn av at Han ikke ville at de skulle få den evige døden på grunn av deres tilbedelse av falske idoler.

Gud viste oss hele tiden bevis på at Han er Skaperen, den levende Gud, slik at vi kan tilbe Ham, og bare Ham. Han redder oss ifra synd gjennom Hans eneste Sønn, Jesus Kristus, og lovte oss evig liv og ga oss håp om å leve i all evighet i himmelen.

Gud hjelper oss med å vite og tro på at Han er den levende Gud ved å vise mirakler, tegn, og undere gjennom Hans folk, og gjennom de seksti seks bøkene i Bibelen og menneskenes historie.

Som følge av dette må vi trofast tilbe Gud, universets Skaper, som styrer alt inne i det. Som Hans barn må vi bære massevis av god frukt ved å stole fullt og fast bare på Ham.

3. Kapittel
Det Andre Budskapet

"Du Skal Ikke Lage Et Idol For Deg selv eller Tilbe Det"

2. Mosebok 20:4-6

"Du skal ikke lage deg noe gudebilde, eller noe slags bilde av det som er oppe i himmelen eller nede på jorden eller i vannet under jorden. Du skal ikke tilbede dem og ikke dyrke dem! For Jeg, HERREN din Gud, er en nidkjær Gud. Jeg lar straffen for fedrenes synd komme over barn i tredje og fjerde ledd, når de hater meg, men jeg viser miskunn i tusen ledd mot dem som elsker Meg og holder Mine Bud."

"Herren døde på korset for meg. Hvordan kan jeg eventuelt nekte Herren på grunn av frykt for døden? Jeg vil heller dø ti ganger for Herren enn å bedra Ham og leve i hundre eller til og med tusenvis av meningsløse år. Jeg har bare en forpliktelse. Vær så snill og hjelp meg å overvinne dødens makt slik at jeg ikke vil skamme min Herre ved å spare mitt eget liv."

Dette er tilståelsen til Pastor Ki-Chol Chu, som ble torturert etter at han nektet å bøye seg ned for en japanesisk helgengrav. Hans fortelling kan finnes i boken, *Mer Enn Erobrere: Fortellingen om Torturen av Pastor Ki-Chol Chu.* Uten å krype sammen av frykt for sverdet eller skytevåpnene, ga pastor Ki-Chol Chu opp livet hans for å adlyde Guds budskap om ikke å bøye seg ned for noe som helst idol.

"Du Skal Ikke Lage Et Idol For Deg selv eller Tilbe Det"

Som kristne er det vår forpliktelse og elske og tilbe Gud, og bare Gud. Det er derfor Gud ga oss det første budskapet, "Du skal ikke ha andre guder enn Meg." Og for å strengt forby idol tilbedelse, ga Han oss det andre budskapet, "Du skal ikke lage et idol for deg selv. Du skal ikke tilbe det eller tjene det."

Ved første blikk, tenker du kanskje at det første budskapet og det andre budskapet er de samme. Men de har blitt atskilt som forskjellige budskap fordi de har forskjellige åndelige meninger. Det første budskapet er en advarsel mot polyteisme, og det forteller oss at vi må bare elske den ene sanne Gud.

Det andre budskapet er en leksjon imot tilbeding av falske idoler, og det er også en forklaring på velsignelsene som du mottar når du tilber og elsker Gud. Så la oss se litt nærmere på hva ordet 'idol' betyr.

Den Fysiske Definisjonen av "Idol"

Ordet "idol" kan bli forklart på to måter; fysisk idol og åndelig idol. Først, i den fysiske meningen er "idol" et bilde eller en materialistisk ting som har blitt laget for å representere en gud som ikke har noen fysisk form som en kan tilbe til.

Med andre ord, et idol kan være alt mulig: et tre, en stein, et bilde av en person, pattedyr, insekter, fugler, sjødyr, solen, månen, stjernene på himmelen, eller noe som har blitt laget av et menneskes fantasi som en kan lage av stål, sølv, gull, eller alt annet som eksisterer som en kan direkte hyllest og tilbe.

Men et idol som har blitt laget av et menneske lever ikke, så det kan hverken svare deg, eller gi deg velsignelser. Hvis mennesker som hadde blitt skapt i Guds speilbilde skapte et annet bilde med deres egne hender og tilba det, spørre det om å velsigne dem, hvor dumt og rart ville ikke dette ha virket?

I Esaias 46:6-7 står det, *"Noen øser ut gull fra pungen og veier opp sølv på vekt. De leier en gullsmed som lager en gud; så bøyer de seg ned og tilber ham. De tar ham på skulderen, bærer ham med seg og setter ham på plass. Der står han og rører seg ikke av flekken. Roper de til ham, svarer han ikke, han kan ikke frelse dem fra nød."*

Denne skriften refererer ikke bare til å skape et idol og tilbe det; men det refererer også til å tro på trolldom mot uflaks eller å holde offrende ritualer med å bøye seg ned til de døde. Selv menneskers tro på overtroiske ting og praksisering av trolldom faller inn i denne kategorien. Mennesker tror at trolldom driver vekk vanskeligheter og bringer medgang, men dette er ikke sant. Åndelige sterke mennesker kan se at mørke, onde ånder egentlig blir tiltrukket til steder hvor trolldom og idoler er, og til slutt bringer de kalamitter og prøvelser til menesker som er i besittelse av dem. Bortsett fra den levende Gud, er det ingen annen gud som kan bringe sann velsignelse til mennesker. Andre guder er egentlig grunnen til kalamitter og forbannelser.

Så hvorfor lager menneskene idoler og tilber dem? Det er på grunn av at mennesker har en tendens til å ville tilfredsstille seg selv med ting som de fysisk kan se, føle, og ta på.

Vi kan se dette menneskelige psyke i isralittene idet de forlot Egypt. Når de ropte på Gud angående deres smerter og anstrengelser fra deres 400 år med slaveri, pekte Gud ut Moses som deres leder for deres utvandring fra Egypt, og Han viste dem alle slags tegn og undere slik at de kunne tro på Ham.

Når Faraoen nektet å la dem gå, sendte Gud ti plager til Egypt. Og når Rødehavet blokkerte isralittenes vei, delte Gud havet i to. Til og med etter at de hadde erfart disse miraklene, mens Moses var oppe i fjellene for førti dager for å motta de Ti Budskapene, ble folkene hans utålmodige og laget sitt eget idol og tilba det. Siden Guds tjener Moses var ute av deres syne, ville de gjerne lage noe som de kunne se og tilbe. De laget en gull kalv og sa at det var denne guden som hadde ledet dem til hvor de nå var. De ga den til og med offringer, og de drakk, spiste, og danset foran den. Denne episoden forårsaket at isralittene fikk erfare Guds store sinne.

Siden Gud er ånden, kan ikke mennesker se Ham med deres fysiske øye, eller skape en fysisk figur til å representere Ham. Det er på grunn av dette at vi aldri må lage et idol og kalle det "gud." Og vi må aldri tilbe det heller.

I 5. Mosebok 4:23 står det, *"Vokt dere for å glemme pakten som HERREN deres Gud har sluttet med dere. Lag dere ikke gudebilder i noen skikkelse; det har HERREN din Gud forbudt deg."* Å tilbe et livsløst, maktesløst idol istedenfor Gud, den sanne Skaperen, vil gjøre mer skade enn nytte for menneskene.

Eksempler med Idol Tilbeding

Noen troende vil kanskje falle inn i fellen av idol tilbeding uten at de selv vet det. Noen mennesker vil kanskje bøye seg ned foran et bilde av Jesus, eller en statue av Jomfru Maria, eller en annen av troens forgjengere.

Et stort antall mennesker vil kanskje tro at dette er idol tilbeding, men det er en form for idol tilbeding som Gud ikke liker. Her er et godt eksempel: mange mennesker kaller Jomfru Maria "den Hellige Mor." Men hvis du studerer Bibelen, kan du se at dette er helt klart og tydelig galt.

Jesus var befruktet av den Hellige Ånd, ikke fra sædcellen og egget til en mann og en kvinne. Derfor kan vi ikke kalle Jomfru Maria "mor." Dagens teknologi tillater leger å for eksempel plasere en manns sædcelle og en kvinnes egg inn i en innovativ maskin som utfører kunstig befruktning. Dette betyr ikke at vi kan kalle denne maskinen "moren" til et barn som blir født gjennom en slik prosess.

Jesus, som i virkeligheten var Gud Faderen, ble befruktet av den Hellige Ånd, og ble født gjennom kroppen til Jomfru Maria slik at Han kunne komme inn i denne verden med en fysisk kropp. Det er defor Jesus kaldte Jomfru Maria "kvinne", ikke "mor" (Johannes 2:4, 19:26). I Bibelen når Jomfru Maria blir referert til som Herrens "mor," er det bare på grunn av at den er skrevet fra disipplenes synspunkt som skrev Bibelen.

Rett før Hans død, sa Jesus til Johannes, "Hold på din mor!" når Han refererte til Maria. Her spurte Jesus Johannes om å ta vare på Maria som om hun var hans egen mor (Johannes 19:27). Jesus hadde dette ønske fordi Han prøvde å trøste Maria, fordi Han forsto sorgen hun hadde i sitt hjerte, siden hun hadde vært med Ham fra Han hadde blitt befruktet av den Hellige Ånd, og helt til det punktet hvor Han hadde blitt voksen ved Guds makt og ikke lenger avhengig av henne.

Men det er heller ikke riktig å knele ned ved en statue av Jomfru Maria.

For et par år tilbake da jeg besøkte et av landene i Midtøsten, en innflytelsesrik person inviterte meg over og viste meg et interessevekkende teppe under vår samtale. Det var et uerstattelig, håndlaget teppe som det hadde tatt år å lage. På det var det et bilde av en sort Jesus. Fra dette eksempelet kan vi se at til og med bilde av Jesus er inkonsekvent, og at det kommer an på hvem artisten eller skulptøren er. Så hvis vi kneler ned eller ber til dette bildet, begår vi idol tilbedelse, og dette er uakseptabelt.

Hva Kan Bli Sett På Som "Idol" og Hva Er Ikke Et "Idol"?

En gang i blandt er det de som er altfor forsiktige, og de krangler om at "korset" som har blitt funnet i kirkene er en form for idol. Men korset er ikke et idol. Det er et symbol på evangeliet som de kristne tror på. Grunnen til at de troende ser opp til korset er for å minnes Jesus hellige blod som Han hadde mistet for menneskenes skyld, og Guds nåde som ga oss evangeliet. Korset kan hverken bli en ting som man tilbeder eller et idol.

Det er det samme med malerier av Jesus som holder et lam, eller *Det Siste Måltidet,* eller alle andre skulpturer hvor artisten simpelthen bare ville gi utrykk for en tanke.

Maleriet av Jesus som holder lammet viser at Han er en god hyrde. Artisten malte ikke dette bilde for at det skulle bli en ting vi kunne tilbe. Men hvis noen begynner å tilbe det, eller knele ned foran det, da vil det bli et idol.

Det er tilfeller hvor mennesker sier, "I løpet av de Gamle Testamentets tider, laget Moses et idol." De refererer til begivenheten hvor isralittene klaget til Gud slik at de endte opp med å bli bitt av giftige slanger i ørkenen. Når mange døde etter at de ble bitt av de giftige slangene, laget Moses en slange av bronse og satte den på en stokk. De som adlød Guds ord og så på slangen av bronse levde, og de som ikke så på den døde.

Gud hadde ikke bedt Moses om å lage en slange ut av bronse så menneskene kunne tilbe det. Han ville gi menneskene en illustrasjon av Jesus Kristus, som en dag vil komme tilbake for å frelse dem fra forbannelsen som de led av, ifølge de åndelige lovene.

De menneskene som adlød Gud og så opp til kpbberslangen, døde ikke for syndene deres. På samme måte vil ikke de sjelene som tror at Jesus Kristus døde på korset for syndene deres og aksepterte Ham som deres Frelser og Herre dø på grunn av syndene deres, men vil heller få evig liv.

I Kongenes 2. bok 18:4 står det at mens den sekstende kongen i Judas, Hesekia, ødela alle idolene i Israel, *"Han nedla offerhaugene, slo i stykker steinstøttene, hogg ned Asjerapælene og knuste kobberslangen som Moses hadde laget. Helt til den tid hadde isralittene offret til slangen. De kaldte den Nehusjtan."* Dette minner menneskene igjen om at selv om bronse slangen ble laget akkurat som Gud hadde befalt, burde det aldri ha blitt gjenstand for idol tilbeding, fordi dette ikke hadde vært Guds hensikt.

Den Åndelige Meningen med "Idol"

For i tillegg å forstå ordet "idol" på den fysiske måten, burde vi også forstå det på en åndelig måte. Den åndelige definisjonen på "idol tilbedelse" er "alt som en elsker mere enn Gud." Idol tilbedelse er ikke bare begrenset til å knele foran bilde av Buddha eller knele seg ned for døde forfedre.

Hvis vi elsker våre foreldre, mann, kone, eller til og med barn mere enn Gud på grunn av vår egen egoisme, bruker vi på en åndelig måte disse kjære som "idoler." Og hvis vi har forferdelige høye tanker om oss selv og elsker oss selv, gjør vi oss selv til idoler.

Og selvfølgelig betyr ikke dette at vi bare skal elske Gud og ingen andre. Gud sier for eksempel til Hans barn at det er deres plikt å elske foreldrene deres sannferdig. Han befaler dem også om å "Hedre din far og din mor." Men hvis elske våre foreldre fører oss vekk ifra sannheten, da elsker vi våre foreldre mere enn Gud og har derfor gjort dem til "idoler."

Selv om våre foreldre fødte våre fysiske kropper, siden Gud skapte sædcellen og egget, eller livets frø, er Gud, Faderen til åndene våres. Forestill deg at noen ikke kristne foreldre misliker at deres barn går i kirken på søndagene. Hvis barnet deres, som er kristne, ikke går i kirken på grunn av at de vil tilfredstille foreldrene deres, da betyr dette at barnet elsker deres foreldre mere enn Gud. Dette skuffer ikke bare Guds hjerte, men det betyr også at barnet ikke virkelig elsker hans foreldre.

Hvis du virklelig elsker noen, vil du at den personen skal bli frelst og få et evig liv. Dette er en virkelig kjærlighet. Så først og fremst, burde du holde Herrens Dag hellig, og så burde du be for dine foreldre og dele evangeliet med dem så fort som mulig. Bare da kan du si at du virkelig elsker og ærer dem.

Og vice versa. Som en mor eller far burde dere elske Gud først, hvis vi virkelig elsker våre barn, og så elske barna våres innenfor Guds kjærlighet. Samme hvor vidunderlige barna våres er for oss, kan du ikke beskytte dem fra fiende djevelen og Satan med bare din egen begrensede menneskelige makt. Du kan hverken beskytte dem fra en plutselig ulykke, eller helbrede dem fra en sykdom som er ufamiliær overfor moderne medisin.

Men når foreldre tilbeder Gud og betror deres barn i Guds hender og elsker dem med Guds kjærlighet, vil Gud beskytte barna deres. Han vil ikke bare gi dem åndelig og fysisk styrke, men Han vil velsigne dem slik at de vil bli vellykket på alle områder i livene deres.

Det er det samme tilfelle med kjærligheten mellom menn og koner. Et par som ikke er klar over Guds sanne kjærlighet vil bare kunne elske hverandre med kjødelig kjærlighet. De vil til tider søke etter deres egen gagn og derfor krangle med hverandre. Og med tiden vil til og med deres kjærlighet for hverandre forandre seg.

Men når et par elsker hverandre innenfor Guds kjærlighet, vil de også kunne elske hverandre med åndelig kjærlighet. På denne måten, vil ikke parret bli sinte eller sårende mot hverandre, og de vil ikke prøve å tilfredstille deres egne egoistiske ønsker. De vil heller dele en kjærlighet som er uforanderlig, sann, og vakker.

Å Elske Noe eller Noen Mere Enn Gud

Bare når vi holder oss til Guds kjærlighet og elsker Gud Faderen først, kan vi elske andre med en sann kjærlighet. Det er derfor Gud ber oss om å "Elsk din Gud først," og "Sett ikke noen andre guder foran Meg." Men hvis du sier, etter at du hører dette, "Jeg gikk i kirken og de fortalte meg at jeg bare må elske Gud og ikke elske mine familie medlemmer," da misforstår du desverre den åndelige tolkningen av Hans budskap.

Hvis som en troende du bryter Guds budskap eller kompromitterer med verden for å kunne få materialistisk rikdom, berømmelse, kunnskap, eller makt, og derfor vike vekk ifra sannheten, gjør du deg selv til et idol, på et åndelig vis.

Det er også mennesker som ikke holder Herrens Dag hellig eller mislykkes i å gi deres tiendedel fordi de elsker rikdom mer enn Gud, til tross for det faktum at Gud lover å velsigne de som gir deres tiendedeler.

Veldig ofte henger ungdom opp bilder av deres yndlings sanger(inne), skuespiller, idrettsutøver, eller instrumentalist på rommet deres, eller lager bokmerker ut av bildene deres, eller til og med går rundt med bildene deres i vestene deres eller lommene for å beholde deres favoritt stjerner i nærheten av hjertene deres. Det er tider hvor disse ungdommene elsker disse menneskene mere enn Gud.

Og selvfølgelig kan du elske og respektere skuespillere, idrettsutøvere, o.s.v., som er veldig flinke. Men hvis du elsker og setter ting her i verden så høyt at du kommer lenger vekk ifra Gud, vil ikke Gud bli tilfreds. I tillegg kan også unge barn som gir hele sitt hjerte til spesielle leker eller videospill også ende opp med å gjøre disse tingene til "idoler."

Guds Sjalusi fra Kjærligheten

Etter at Han har gitt oss en sterk befaling mot idol tilbedelse, vil Gud fortelle oss om velsignelsen for de som adlyder Ham, og formaningen med de som ikke adlyder Ham.

> "Du skal ikke tilbede dem og ikke dyrke dem! For Jeg, HERREN din Gud, er en nidkjær Gud. Jeg lar straffen for fedrenes synd komme over barn i tredje og fjerde ledd, når de hater meg, men jeg viser miskunn i tusen ledd mot dem som elsker Meg og holder Mine Bud" (2. Mosebok 20:5-6).

Når Gud sier at Han er en "sjalu Gud" i femte verset, mener Han ikke at Han er "sjalu" på samme måte som menneskene blir sjalue. For i virkeligheten, er sjalusi ikke en del av Guds egenskap. Gud bruker her ordet "sjalu" for at vi lettere kan forstå det med vår egne menneskelige følelser. Den sjalusien som menneskene føler er av kjøttet, forurenset, skittent, og det sårer menneskene som er involvert.

Hvis for eksempel en manns kjærlighet forandrer seg til kjærlighet for en annen kvinne og konen begynner å bli sjalu på den andre kvinnen, vil den plutselige forandringen i konen se reselsfult ut. Konen vil bli fylt med sinne og hat. Hun vil krangle med hennes mann og bekjentgjøre hans svakheter til alle hennes bekjente og han vil kanskje bli vanæret. Noen ganger vil konen også kanskje dra til den andre kvinnen og slåss med henne, eller inngi et søksmål mot mannen hennes. I dette tilfelle, hvor konen ønsker at noe ille skal skje med hennes mann på grunn av hennes sjalusi, kommer hennes sjalusi ikke fra kjærlighet, men fra hat.

Hvis kvinnen virkelig elsket hennes mann med en åndelig kjærlighet, ville hun først se selvbeskuende på seg selv, og spørre, "Er jeg godt ansett av Gud? Har jeg virkelig elsket og tjent min mann?" Og istedenfor å vanære hennes mann ved å fortelle alle rundt henne om hans svakheter, burde hun ha spurt Gud om visdom om hvordan hun kunne bringe ham tilbake til trofastheten.

Så hva slags sjalusi føler Gud? Når vi ikke tilber Gud og vi ikke lever i sannheten, vil Gud snu sitt ansikt vekk ifra oss, og det er da vi møter prøvelser, tester, og sykdommer. Hvis dette skjer, og kunnskapen om at sykdommer kommer ifra synden (Johannes 5:14), vil de troende angre og prøve å søke etter Gud en gang til.

Som en prest møtte jeg kirkemedlemmer som erfarte dette fra tid til annen. Et kirkemedlem kan for eksempel være en veldig suksessfull handelsmann som har et firma som er veldig vellykket. Med unskyldningen om at han har fått det mere travelt, mister han sin fokusering og stopper med å be og med å gjøre Guds arbeide. Han kommer til og med til et visst punkt hvor han til og med forsømmer tilbeding av Gud på søndagene.

På grunn av dette, vil Gud vende seg vekk ifra denne handelsmannen og firmaet som før hadde vært vellykket, og vil nå møte en krise. Bare da innser han hans feilgrep ved å ikke leve ifølge Guds befalinger, og angrer. Gud vil heller at hans elskede barn skal møte en tøff situasjon for en kort periode og forstå Hans vilje, bli frelst, og spasere den riktige veien, enn å falle vekk for alltid.

Hvis Gud ikke hadde følt denne sjalusien fra Hans kjærlighet, og istedenfor bare likegyldig sett på våre galskaper, ville vi ikke bare mislykkes med å innse våre feilgrep, men våre hjerter ville bli ufølsomt, og det ville fått oss til å synde hele tiden og vi ville til slutt gått mot den evige døden. Så sjalusien som Gud føler er derfor en som kommer ut av kjærlighet. Det er et uttrykk av Hans store kjærlighet og ønske om å fornye oss og lede oss til det evige livet.

Velsignelsene og Forbannelsene som Kommer fra Lydigheten og Ulydigheten av det Andre Budskapet

Gud er vår Skaper og Fader som offret Hans eneste Sønn slik at menneskene kan bli reddet. Han hersker også over alle menneskers liv og vil gjerne velsigne de som tilber Ham.

Og ikke tilbe og beundre denne Gud, men istedenfor falske idoler, er å hate Ham. Og de som hater Gud mottar Hans straff, akkurat som det har blitt skrevet at barna vil bli straffet for syndene som deres fedre gjorde, helt fra de tredje og fjerde generasjonene (2. Mosebok 20:5).

Idet vi ser rundt omkring oss, kan vi med letthet se at familiene som tilber idoler i generasjoner fortsetter å motta straff. Menneskene fra disse familiene vil kanskje erfare ondartede og/eller uhelbredelige sykdommer, vanskaptheter, psykisk utviklingshemmede, demon-besatte, selvmord, økonomiske vanskeligheter, eller alle slags andre prøvelser. Og hvis disse kalamittene fortsetter til den fjerde generasjonen, da vil familien bli totalt ruinert og uopprettelig.

Men hvorfor tror dere Gud sa at Han ville la straffen deres vare helt til den "tredje og fjerde generasjonen" istedenfor til den "fjerde generasjonen?" Dette viser Guds medlidenhet. Han etterlater plass ved bordet for de etterkommerne som angrer og som søker etter Gud, selv om deres etterkommere kanskje har bedt til falske idoler og var fiendtlige imot Gud. Disse menneskene gir Gud en grunn til å stoppe straffen mot denne husholdningen.

Men for de som hadde hatt forfedre som hadde vært veldig fiendtlige imot Gud og som også var seriøse idol tilbedere og bygde opp ondskap, vil de møte vanskeligheter når de prøver å akseptere Herren. Selv om de aksepterer, er det akkurat som om de er bundet til deres forfedre med en åndelig tjore, så de vil erfare mange vanskeligheter gjennom deres åndelige liv helt til de seirer åndelig. Fiende djevelen og Satan vil gripe inn på alle måter de kan for at ikke disse menneskene skal få tro, for å dra dem med seg inn til det evige mørket.

Men hvis etterkommerne, mens de søker etter barmhjertighet, angrer med et ydmykende hjerte for syndene til deres forfedre og prøver å kaste vekk den syndige naturen inne i seg selv, da vil Gud, uten betenkeligheter beskytte dem. Så på den annen side, når mennesker elsker Gud og holder på Hans budskap, vil Gud velsigne familiene deres helt til den 1,000de generasjonen og tillate dem å motta Hans evige nåde. Når vi ser på hvordan Gud sier at Han vil straffe helt til den tredje og fjerde generasjonen, men at Han vil velsigne oss til den 1,000de generasjonen, kan vi klart og tydelig se Guds kjærlighet.

Dette betyr ikke at du automatisk mottar en overflod med velsignelser bare på grunn av at dine forfedre var store tjenere for Gud. Gud kaldte for eksempel David "en mann etter Mitt eget hjerte," og Gud lovte å velsigne hans etterkommere (1. Kongebok 6:12). Men vi lærer at blandt Davids barn mottok ikke de som vendte seg vekk ifra Gud lovede velsignelsene.

Når du ser på krønikerne til Israels konger, kan du se at de kongene som tilba og tjente Gud mottok velsignelsene som Gud hadde lovt David. Under deres lederskap, vokste nasjonen deres og trivdes så mye at nabolandene ga dem tributt. Men kongene som snudde seg vekk ifra Gud og syndet mot Ham erfarte mange vanskeligheter i løpet av deres livstid.

Bare når en person elsker Gud og prøver å leve i sannheten uten å flekke seg selv med idoler kan han motta alle velsignelsene som hans forfedre har bygd opp for ham.

Så når vi kaster vekk alle de åndelige og fysiske idolene som Gud synes er vedskyelige, vekk ifra vårt liv og setter Ham opp først, kan også vi motta de overflodige velsignelsene som Gud hadde lovt alle Hans trofast tjenere og de senere generasjonene.

4. Kapittel

Det Tredje Budskapet

"Du Skal Ikke Misbruke HERRER Din Guds Navn"

2. Mosebok 20:7

"Du skal ikke misbruke HERREN din Guds navn, for HERREN lar ikke den som misbruker Hans navn, være skyldfri."

Det er lett å se at isralittene virkelig satte Guds ord høyt, fra den måten de skrev ting ned i Bibelen eller til og med leste fra den.

Før det ble oppfunnet trykking, måtte menneskene skrive i Bibelen med hånden. Og hver eneste gang ordet "Jehovah" måtte bli skrevet, ville forfatteren vaske hans kropp flere ganger og ville til og med forandre penselen som han skrev med, på grunn av at navnet var så utrolig hellig. Og når forfatteren gjorde en feil, måtte han skjære ut den seksjonen og skrive over det på nytt. Men hvis av en eller annnen grunn det ble en trykkfeil ved "Jehovah", ville han begynne å undersøke alt fullstendig fra begynnelsen.

Og også når isralittene leste ifra Bibelen, leste de ikke høyt ut navnet "Jehovah." Istedenfor leste de det ut som "Adonai," som betydde "Min Herre," siden de betraktet Guds navn til å være altfor hellig til å bli lest opp.

Siden navnet "Yahweh" er et navn som representerer Gud, trodde de også at det var en symbol på Guds ærede og regjerende natur. Til dem var det navnet til Han som var den Allmektige Skaperen.

"Du Skal ikke Ta Din HERRE Guds Navn Forgjeves"

Noen mennesker husker ikke engang at det finnes et slikt

budskap i de Ti Budene. Selv blandt de troende, er det mennesker som ikke holder Guds navn høyt aktet, og ender opp med å misbruke navnet Hans.

Å "misbruke" betyr å bruke noe på en gal eller uriktig måte. Og å misbruke Guds navn er å bruke Guds hellige navn på en feil, ugudelig, eller usann måte.

Hvis det for eksempel er noen som sier det han selv mener og sier at han prater Guds ord, eller hvis han handler akkurat som han vil, og sier at han handler ifølge Guds vilje, er dette å misbruke Guds navn. Å bruke Guds navn til å gi en usann ed, latterliggjøre Guds navn, o.s.v., er alle eksempler på å misbruke Guds navn.

En annen vanlig måte som mennesker misbruker Guds navn er når de som ikke engang søker etter Ham, møter vanskelig situasjon og sier bittert, "Gud er så betydningsløs!" eller, "Hvis Gud virkelig levde, hvorfor lot Han dette skje?!"
Hvordan kunne Gud overhode kalle oss uskyldige hvis vi, skapelsen, misbruker vår egen Skapers navn, Skaperen som fortjener all æren og aktelsen? Det er derfor vi må ære Gud og prøve å leve i sannheten ved å hele tiden undersøke oss selv diskret for å være sikre på at vi ikke fremstiller uforskammethet eller uhøflighet overfor Gud.

Så hvorfor er det en synd å misbruke Guds navn?

Å Misbruke Guds Navn er Først og Fremst et Tegn På at Vi Ikke Tror på Ham

Selv blandt filosofene som sier at de studerer livets mening og universets tilværelse, er det mennesker som sier, "Gud er død." Og det er til og med noen ordinære mennesker som likegyldig sier, "Det finnes ingen Gud."

En gang sa en russisk astronaut, "Jeg dro ut i verdensrommet, og jeg kunne ikke se Gud noen steder." Men siden han var en astronaut burde han vite bedre enn noen andre at området som han undersøkte bare var en liten del av universet. Hvor dumt var det ikke for astronauten og si at Gud, Skaperen av hele universet, ikke eksisterer bare på grunn av at han ikke kunne se Gud med hans egne øyne innenfor den egentlig ubetydelige delen av universet som han besøkte!

Salmenes bok 53:2 sier, *"Dåren sier i sitt hjerte, 'Det finnes ingen Gud.' Ond og avskyelig er deres ferd, det er ikke en som gjør det gode."* En person som ser universet med et ydmykende hjerte kan finne utallige bevis som viser Gud Skaperen (Romerne 1:20).

Gud ga alle en sjanse til å tro på Ham. Før Jesus Kristus, i det Gamle Testamentets tider, rørte Gud ved hjertene til gode mennesker slik at de kunne føle den levende Gud. Etter Jesus Kristus, nå, i det Nye Testamentets tider, fortsetter Gud med å banke på døren til menneskenes hjerter på mange forskjellige måter slik at menneskene kan bli kjent med Ham.

Det er derfor gode mennesker åpner hjertene deres og aksepterer Jesus Kristus og blir frelst, samme hvordan de hørte om evangeliet. Gud tillater disse menneskene som virkelig søker Ham, om å erfare Hans tilstedeværelse gjennom en sterk følelse i hjertene deres når de ber, gjennom syn, eller gjennom åndelige drømmer.

En gang jeg hørte på et vitnemål fra en av våre kirkemedlemmer, kunne jeg ikke hjelpe for at jeg ble overrasket. En natt da denne damens mor hadde dødd av mavekreft, kom hun til datteren i drømmen og sa, "Hvis jeg hadde møtt Dr. Jaerock Lee, som er en Eldre Prest i Manmin Sentral Kirken, ville jeg ha blitt helbredet..." Denne kvinnen kjente allerede til Manmin Sentral Kirken, men gjennom denne erfaringen, endte hele familien hennes opp med å registrere seg i kirken og hennes eneste sønn ble helbredet av epilepsi.

Det er fremdeles mennesker som fortsetter å nekte om Guds tilværelse, selv om Han viser oss Hans tilstedeværelse på mange måter. Dette er på grunn av at hjertene deres er onde og dumme. Hvis disse menneskene fortsetter med å gjøre deres hjerter harde mot Gud, snakke skjødesløst om Ham uten at de engang tror på Ham, hvordan kan Han da kalle dem syndfrie?

Gud som til og med nummererer hvert eneste hårstrå på hodet vårt, står og ser på hver eneste handling med brennende øyne. Hvis mennesker tror på dette faktum, ville de under alle omstendigheter aldri misbruke Guds navn. Det vil virke som om noen mennesker tror, men siden troen deres ikke kommer ifra innerst inne i deres hjerte, vil de kanskje misbruke navnet Hans. Og dette vil bli en synd mot Gud.

Det Andre, Å Misbruke Guds Navn Er å Ikke Ta Hensyn til Gud.

Hvis vi ikke tar hensyn til Gud, betyr det at vi ikke respekterer Ham. Hvis vi våger å ikke respektere Gud, Skaperen, da kan vi ikke si at vi er uten synd.

Salmenes bok 96:4 sier, *"Ja, stor og høylovet er HERREN, mer fryktinngytende enn alle guder."* I 1. Timoteus 6:16 står det, *"Gud er den eneste som er udødelig, som bor i et lys dit ingen kan komme, han som intet menneske har sett og ingen kan se. Han tilhører ære og evig makt! Amen."*

2. Mosebok 33:20 sier, *"Men Han sa, 'Dere kan ikke se Mitt Ansikt, for ingen kan se Meg og leve!'"* Gud Skaperen er så stor og mektig at vi, skapelsen, ikke kan uærbødig se på Ham akkurat når vi vil.

Det er derfor mennesker i gamle dager med en god samvittighet, selv om de ikke kjente til Gud, refererte til himmelen med ord av respekt. I Korea ville for eksempel mennesker bruke den høflige tiltaleformen, når de pratet om hmmelrike eller om været, for å vise Skaperen respekt. De kjente kanskje ikke til Gud HERREN, men de visste at universets allmektige Skaper sendte dem ting som de trang, som for eksempel regn, fra himmelen ovenfra. Så de ville gjerne vise Ham respekt med ordene deres.

De fleste mennesker bruker ord som viser respekt og misbruker ikke navnene til foreldrene deres eller menneskene som de virkelig respekterer fra hjertene deres. Så hvis vi prater om Gud, uiversets Skaper og Livets Forærer, burde vi ikke referere til Ham med den mest hellige arroganse og de mest respekterte ordene?

Desverre er det i dag noen mennesker som kaller seg troende, men som ikke ennå viser respekt til Gud, eller tar Hans navn seriøst. De prøver for eksempel å være morsomme og bruker Guds navn eller siterer ordene i Bibelen på en likegyldig måte. Siden Bibelen sier, *"Ordet var Gud,"* (Johannes 1:1) hvis vi ikke respekterer ordene i Bibelen, er det akkurat som å ikke respektere Gud.

En annen måte å ikke respektere Gud på er å bruke navnet Hans når en lyver. Et eksempel på dette vil bli hvis en person snakker om noe som han har fått fra hans eget sinn og sier, "Dette er Guds stemme," eller "Dette er noe som har blitt gitt av den Hellige Ånd." Hvis vi overveier å bruke en eldre persons navn på en uskikket måte som uhøflig og frekt, hvor mye mere forsiktig burde vi ikke være når vi bruker Guds navn på den måten?

Den allmektige Gud kjenner hjertet og tankene til alle levende skapninger som for eksempel Hans håndflate. Og Han vet også om hver eneste av deres handling er motivert av ondskap eller godhet. Med flammende øyne, vil Gud se på hver eneste persons liv, og Han vil dømme hver eneste person ifølge hans handlinger. Hvis en person virkelig tror på dette, vil han med sikkerhet ikke misbruke Guds navn eller synde ved å være uforskammet mot Ham.

En ting til som vi burde huske på er at mennesker som virkelig elsker Gud ikke burde bare være forsiktige når de bruker Guds navn, men også når de har med alle tingene som har med Ham å gjøre. Mennesker som virkelig elsker Gud vil også være mere forsiktige med kirkebygningen og kirkens eiendom enn deres egen. Og de er også veldig forsiktige når de har med penger å gjøre som tilhører kirken, samme hvor lite beløpet er.

Hvis du tilfeldigvis knuste en kopp, eller et speil, eller et vindu i kirken, ville du gjøre som om ingentin hadde skjedd og glemme det? Samme hvor små de er, burde ting som har blitt satt til side for Gud og Hans presteembete aldri bli forsømmet eller mishandlet.

Vi må også være forsiktige med å ikke dømme eller bagatellisere en av Guds personer, eller en begivenhet som har blitt ledet av den Hellige Ånd, fordi de har en direkte sammenheng med Gud.

Selv om Saulus gjorde mye vondt mot David og var en stor fare for ham, skånte David Saulus' liv helt til slutten, bare på grunn av at Saulus var en konge som hadde blitt valgt av Gud (Samuels 1. brev 26:23). På samme måte vil en person som elsker og respekterer Gud bli veldig forsiktig når han har med alt det som Gud har med å gjøre.

Det Tredje, Å Misbruke Guds Navn Er Å Lyve når Vi Bruker Hans Navn.

Hvis de kikker på det Gamle Testamentet, er det noen falske profeter som er plantet inn i Israels' historie. Disse falske profetene forvirret menneskene ved å gi dem informasjon hvor de påstod at de var fra Gud, men egentlig ikke var det.

I 5. Mosebok 18:20, gir Gud en sterk advarsel mot slike mennesker. Han sier, *"Men våger en profet å tale noe i mitt navn som Jeg ikke har befalt ham, eller taler han i andre guders navn, da skal den profeten dø."* Hvis noen lyver når de bruker Guds navn, er straffen for deres gjerning døden.

Johannes åpenbarelse 21:8 sier, *"Men de feige, de vantro og vanhellige, de som myrder, driver med hor og trolldom, avgudsdyrkere og alle løgnere, deres plass skal være i sjøen som brenner med ild og svovel. Det er den annen død."*

Hvis det er en annen død, da betyr det at det er en første død. Dette refererer til mennesker som dør i denne verden uten å tro på Gud. Disse menneskene vil havne i det Lavere Dødsriket, hvor de vil motta den smertefulle straffen for syndene deres. På den annen side vil de som blir frelst, bli konger i tusen år i løpet av Millenium Kongerike her på jorden etter at de har møtt Herren Jesus Kristus i luften ved Hans andre nedkomst.

Etter Millenium Kongerike, vil dommen av den Store Hvite Tronen hvor alle menneskene er, bli dømt og motta enten åndelige belønninger eller straffer, ifølge handlingene deres. På denne tiden vil disse sjelene som ikke er frelst også oppstå for å møte dommen, og hver en, ifølge vekten av syndene deres, vil enten komme inn i tjernet med ilden eller det brennende svovelet. Det er dette en kjenner som den andre døden.

Bibelen sier at alle løgnere vil erfare den andre døden. Her refererer en løgner til alle som lyver og bruker Guds navn. Dette er ikke bare begrenset til falske profeter; men også de menneskene som gir en ed ved Guds navn og som bryter eden, siden dette er det samme som å lyve med hans navn og derfor et misbruk av Hans navn. I 3. Mosebok 19:12 sier Gud, *"Dere skal ikke sverge falskt ved Mitt navn; for da vanhelliger du din Guds navn. Jeg er HERREN."*

Men det er troende som noen ganger lyver når de bruker Guds navn. De vil for eksempel si, "Mens jeg ba, hørte jeg stemmen til den Hellige Ånd. Jeg tror det var Guds gjerning," selv om Gud ikke hadde noe med det å gjøre. Eller de vil kanskje se noe skje og selv om det ikke er med sikkerhet, sier de, "Det var Gud som lot dette skje." Det er fint hvis det er Guds arbeide, men det blir et problem når det ikke er den Hellige Ånds arbeide og de bare sier det helt regelmessig.

Og selvfølgelig som et av Guds barn burde vi alltid høre på den Hellige Ånds stemme og motta Hans ledelse. Men det er viktig å vite at bare fordi du har blitt Guds frelste barn, betyr ikke dette at du alltid kan høre stemmen til den Hellige Ånd. Ifølge hvor mye en person kan tømme seg selv for synder og bli fyllt med sannheten, vil han kunne høre den Hellige Åndens stemme mye klarere. Så hvis et menneske ikke lever i sannheten og kompromitterer med verden, kan han ikke klart og tydelig høre den Hellige Ånds stemme.

Hvis noen er fulle av løgner og han bråkende og skrytende bare tror på hans egne tanker som den Hellige Ånds arbeide, lyver han ikke bare til andre menensker; men han lyver også til Gud. Selv om han virkelig hadde hørt stemmen til den Hellige Ånd, burde han prøve å være diskre helt til han hører Hans stemme 100 prosent. Derfor burde vi unnlate å likegyldig kalle noe den Hellige Ånds arbeide og vi burde også høre på slike påstander med stor varsomhet.

Den samme regelen gjelder drømmer, syn, og andre åndelige

erfaringer. Noen drømmer blir gitt av Gud, men noen drømmer vil skje som et resultat av at et individs sterke ønske eller angst. Og noen drømmer kan til og med bli Satans arbeide, så en burde aldri forte seg med å si, "Gud ga oss denne drømmen," fordi dette ville ikke vært riktig mot Gud.

Det er tider hvor mennesker klandrer Gud for prøvelser eller vanskeligheter som egentlig har blitt forårsaket av Satan på grunn av deres egne synder. Og det er tilfeller hvor mennesker forsiktig plaserer Guds navn på ting på grunn av vane. Når det virker som om ting går deres vei, sier de, "Gud velsignet meg." Og når de møter vanskeligheter, sier de, "Å, Gud lukket døren for dette." Noen vil kanskje gi en tilståelse i troen, men det er viktig å vite at det er en stor forskjell mellom en tilståelse som kommer fra et sant hjerte og en tilståelse fra et respektløst og skrytende hjerte.

Salomos ordspråk 3:6 sier, *"Tenk på Ham hvor du enn ferdes, så gjør Han dine stier jevne."* Men dette betyr ikke at vi skal sette merkelapp med Guds helige navn på alt. Noen som kjenner Gud på alle måter vil heller prøve å leve i sannheten hele tiden og derfor bli mere forsiktig med å bruke Guds navn. Og når Han trenger å bruke det, vil han gjøre det med et trofast og diskret hjerte.

Så hvis vi ikke vil synde eller misbruke Guds navn, burde vi streve med å formidle Hans ord dag og natt, bli årvåken i bønn, og bli fyllt med den Hellige Ånd. Bare når vi gjør dette kan vi klart og tydelig høre stemmen til den Hellige Ånd og handle i rettferdighet, ifølge Hans ledelse.

Hold Ham Alltid i Akt, og Bli Storsinnet

Gud er nøyaktig og samvittighetsfull. Og hvert eneste ord som Han bruker i Bibelen er riktig og passende. Når du ser på hvordan Han snakker til de troende, kan du se at Gud bruker de helt rette ordene for hver situasjon. Det å kalle noen "Bror," og kalle noen "Min elskede," har for eksempel en helt forskjellig tone og betydning. Noen ganger adresserer Gud mennesker som "Fedre," eller "Unge menn," eller "Barn," o.s.v., og bruker de riktige ordene som viser helt den riktige betydningen, avhengig av hvor mye tro mottakeren har (1. Korintierne 1:10; 1. Johannes 2:12-13, 3:21-22).

Det samme går for navnene i den Hellige Treenigheten. Vi ser forskjellige navn brukt i Treenigheten: HERREN Gud, Jehovah, Gud Faderen, Messias, Herren Jesus, Jesus Kristus, Lam, Herrens Ånd, Gud Ånd, Åndelig Ånd, hellighetens Ånd, den Hellige Ånd, Ånd (1. Mosebok 2:4; 1. Kronikel 28:12; Salmenes Bok 104:30; Johannes evangeliet 1:41; Romerne 1:4).
Spesielt i det Nye Testamentet, før Jesus Kristus tid hvor Han tok opp korset, er Han kaldt, "Jesus, Lærer, Menneskesønnen," men etter at Han døde og stod opp, blir Han kaldt, "Jesus Kristus, Herren Jesus Kristus, Jesus Kristus av Nasaret" (1.

Timoteus 6:14; Apostlenes gjerninger 3:6).

Før Han ble korsfestet, hadde Han ikke fullført Hans ferd som en Frelser ennå, så Han ble kaldt "Jesus," som betyr "Den som redder Hans folk fra syndene deres" (Matteus 1:21). Men etter at Han hadde fullført Hans misjon, ble Han kaldt "Kristus," som betyr "Frelser."

Gud som er perfekt, vil også bli korrekt og perfekt med våre ord og våre handlinger. Så derfor når vi sier Guds hellige navn, må vi uttrykke det bare mere korrekt. Det er derfor Gud sier i den siste delen av 1. Samuel 2:30, *"For de som ærer Meg vil Jeg ære, og de som forakter Meg vil bli veldig lite aktet."*

Så hvis vi virkelig ser på Gud med stor respekt fra innerst inne i vårt hjerte, vil vi aldri gjøre feilen med å misbruke Hans navn, og vi vil frykte Ham til alle tider. Så jeg ber at du alltid kan holde deg på vakt i bønnene, og vaktsom med ditt hjerte, slik at livet du lever gir ære til Gud.

5. Kapittel
Det Fjerde Budskapet

"Husk å Holde Sabbaten Hellig"

2. Mosebok 20:8-11

"Husk å Holde Sabbaten Hellig. Seks dager skal du arbeide og gjøre din gjerning. Men den sjuende dagen er sabbat for HERREN din Gud. Da skal du ikke gjøre noe arbeid, verken du selv eller din sønn eller din datter, verken tjenere eller tjenestekvinnen eller feet, eller innflytteren i dine byer. For på seks dager skapte HERREN himmelen, jorden og havet og alt det som er i dem; men den sjuende dagen hvilte Han. Derfor velsignet HERREN hviledagen og lyste den hellig."

Hvis du aksepterte Kristus og ble Guds barn, er den første tingen som du må gjøre å tilbe Gud hver eneste søndag og gi hele tiendedelen. Akkurat som når du gir hele tiendedeler og offringer, viser din tro på Guds myndighet over alle fysiske og materialistiske ting, og holde Sabbaten hellig viser din tro på Guds myndighet over alle de åndelige tingene (Se Esekiel 20:11-12).

Når du handler i troen, anerkjenner Guds åndelige og fysiske myndighet, vil du motta Guds beskyttelse fra ødeleggelser, fristelser, og elendighet. Offring av tiendedelen vil bli diskutert mer detaljert i 8. kapittel, så dette kapittelet vil fokusere spesielt på å holde Sabbaten hellig.

Hvorfor Søndagen Ble Sabbat Dagen

Hviledagen som ble dedikert til Gud er kaldt "Sabbat' dagen. Dette kom fra når Gud, Skaperen, dannet universet og mennesket på seks dager og så hvilte den sjuende dagen (1. Mosebok 2:1-3). Gud velsignet denne dagen og gjorde den hellig, og fikk derfor også menneskene til å hvile på denne dagen.

I det Gamle Testamentets tider, var lørdag den egentlige Sabbat dagen. Og til og med i dag holder jødene lørdagen som Sabbat dagen. Men idet vi kommer inn i det Nye Testamentets tider, ble søndagen Sabbat dagen og vi begynte å kalle denne dagen "Herrens Dag." Johannes evangeliet 1:17 sier, *"For Loven ble gitt gjennom Moses; nåde og sannhet ble innsett gjennom Jesus Kristus."* Og Matteus 12:8 sier, *"For Menneskesønnen er Sabbatens Herre."* Og det er akkurat slik det skjedde.

Så hvorfor forandret Sabbat dagen seg fra lørdag til søndag? Dette er på grunn av at søndagen er dagen hvor alle menneskene kan hvile seg gjennom Jesus Kristus.

På grunn av ulydigheten til det første menneske Adam, ble alle menneskene syndenes slaver og hadde ikke noen sann Sabbat. Menneskene kunne bare spise etter at de hadde arbeidet hardt og måtte lide og erfare tårer av sorg, sykdom, og døden. Det er derfor Jesus kom hit til denne verden som et kjødelig menneske og ble korsfestet, for å kunne bøte for alle menneskenes synder. Han døde og oppstod igjen den trdje dagen, erobret døden og ble oppstandelsens førstegrøde.

Så Jesus løste problemet med synden og ga en sann Sabbat til alle menenskene, tidlig på daggry søndag, den første dagen etter Sabbat dagen. På grunn av dette ble søndagen Sabbat dagen i det Nye Testamentets tider, hvor Jesus Kristus fullførte menneskenes frelse.

Jesus Kristus, Sabbatens Herre

Herrens disipler utpekte også søndag som Sabbat dagen, og

forstod den åndelige meningen med Sabbat dagen. Apostlenes gjerninger 20:7 sier, *"Den første dagen i uken var vi samlet for å bryte brødet,"* og 1. Korintierne 16:2 sier, *"Den første dagen i uken skal hver enkelt av dere hjemme hos seg selv legge til side så mye som dere er istand til, for at innsamlingen ikke først skal begynne når jeg kommer."*

Gud visste at det ville bli forandring i Sabbat dagen, så Han nevnte dette i det Gamle Testamentet når Han sa til Moses, *"Si til isralittene, 'Når dere går inn i landet som Jeg gir dere og høster dens avling, da skal du ta med deg bunten av den første frukten du har høstet til presten. Han skal vifte bunten foran HERREN slik at du kan bli akseptert; og på dagen etter Sabbaten skal presten vifte det. På den dagen som de vifter din bunt, skal du offre et et år gammelt guttelam uten noen som helst mangel som et brenne offer til HERREN'"* (3. Mosebok 23:10-12).

Gud fortalte isralittene at så fort de kom inn i landet Kana'an, skulle de offra deres første korninnhøsting dagen etter Sabbat dagen. Den første korninnhøstingen symboliserer Herren som ble oppstandelsens førstegrøde. Og det et år gamle lammet uten noen som helst feil symboliserer Jesus Kristus, Guds Lam.

Disse versene viser at søndagen, dagen etter Sabbatan, ville Jesus, som ble fredsofferet og oppstandelsens førstegrøde, gi oppstandelse og en sann Sabbat til alle de som trodde på Ham.

På grunn av dette ble søndagen, dagen hvor Jesus Kristus oppstod, en virkelig lykkelig og takknemlig dag; en dag hvor en fikk nytt liv og hvor veien til det evige livet ble åpnet; og dagen hvor en sann Sabbat kunne til slutt begynne.

"Husk å Holde Sabbaten Hellig"

Så hvorfor har Gud gjort Sabbat dagen hellig og hvorfor forteller Han folket sitt å holde den hellig?

Dette er på grunn av at selv om en lever i en kjødelig drevet verden, vil Gud at vi skal også huske på tingene i den åndelige verden. Han ville gjerne være sikker på at vi ikke bare har håp om de forgjengelige tingene her i verden. Han ville gjerne at vi skulle huske Herren og Skaperen av universet og ha håp i Hans Kongerikets sanne og evige Sabbat.

2. Mosebok 20. kapittel vers 9-10 sier, *"Seks dager skal du arbeide og gjøre din gjerning. Men den sjuende dagen er sabbat for HERREN din Gud. Da skal du ikke gjøre noe arbeid, verken du selv eller din sønn eller din datter, verken tjenere eller tjenestekvinnen eller feet, eller innflytteren i dine byer."* Dette betyr at ingen skal arbeide på Sabbat dagen. Dette inkluderer deg, dine tjenere, dine dyr, og alle gjestene i huset ditt.

Det er derfor de ortodokse jødene ikke er tillat å lage noe mat, flytte tunge ting, eller reise langt på Sabbat dagen. Det er på grunn av at alle disse aktivitetene har blitt sett på som arbeide og de er derfor ikke i overensstemmelse med Sabbatens regler. Men disse restriksjonene ble laget av mennesker og ble ført videre ned fra de eldre til de neste; de er derfor ikke Guds regler.

Når jødene for eksempel prøvde å finne en grunn til å bringe anklagelser mot Jesus, så de en mann med en innskrumpet hånd og de spurte Jesus, "Er det lovlig å helbrede på Sabbaten?" De vurderte til og med om det å helbrede en syk person på Sabbat dagen som "arbeide" og at det derfor ville være ulovlig.

Jesus sa dette til dem, *"Om en av dere har en eneste sau, og den faller ned i en grøft på Sabbaten, vil han da ikke gripe fatt i sauen og dra den opp? Hvor mye mere verd er ikke et menneske enn en sau! Altså er det tillat å gjøre godt på Sabbaten"* (Matteus 12:11-12).

Å holde den Sabbaten som Gud prater om betyr ikke å simpelthen holde seg vekk ifra all slags arbeide. Når de ikke troende tar fri fra arbeide og holder seg hjemme, eller går ut for å nyte fritidssysler, er dette fysisk hvile fra arbeide. Dette blir ikke sett på som en "Sabbat," fordi det ikke gir oss et sant liv. Vi må først forstå den åndelige meningen med "Sabbat," for at vi kan holde den hellig og bli velsignet, den måten som Gud først hadde hatt til hensikt for oss.

Det Gud vil at vi skal gjøre på denne dagen er ikke å hvile fysisk, men å hvile åndelig. Esaias 58:13-14 forklarer oss at på Sabbat dagen burde mennesker ikke gjøre akkurat som de vil, gå deres egen vei, si tomme ord, eller nyte verdens glede. De burde istedenfor holde dagen hellig.

På Sabbaten, burde en ikke bli innviklet med begivenhetene i verden, men gå i kirken, som er Herrens kropp; ta til seg livets brød, som er Guds ord; ha kameratskap med Herren gjennom bønner og lovprisning; og holde en åndelig hvile i Herren. Gjennom vennskap burde de troende dele Guds nåde med hverandre og hjelpe å bygge opp hverandres tro. Når vi holder en åndelig hvile som denne, vil Gud utvikle vår tro og få vår sjel til å vokse.

Så hva nøyaktig burde bli gjort for å holde Sabbatens dag hellig?

Først Må Vi Lengte Etter Velsignelsene fra Sabbat Dagen og Forberede Oss Selv Til å Bli Rene Mennesker.

Sabbat dagen er en dag som Gud har satt til side som hellig, og det er en lykkelig dag når vi kan motta velsignelser fra Gud. I den senere delen sier 2. Mosebok 20:11, *"Derfor velsignet HERREN Sabbat dagen og gjorde den hellig,"* og Esaias 58:13 sier, *"Du skal kalle Sabbaten en lyst og glede og HERRENs helg en ærverdig dag."*

Selv i dag, siden isralittene holder lørdagen som Sabbat dagen, akkurat som i det Gamle Testamentets tider, begynner de å forberede seg for Sabbaten en dag i forveien. De har laget all maten, og hvis de må arbeide hjemmenifra, ville de arrangere å forte seg hjem senest fredag aften.

Vi må også forberede våre hjerter for Sabbaten før søndag. Hver eneste uke, burde vi alltid være våkne i bønnene våres før søndagen kommer og prøve å leve i sannheten hele tiden slik at vi ikke bygger opp noen som helst hindring av synd mellom Gud og oss selv.

Så det å holde Sabbat dagen hellig betyr ikke bare å gi Gud denne ene dagen. Det betyr å leve hele uken ifølge Guds ord. Og hvis vi så gjorde noe i løpet av uken som kanskje er uakseptabelt for Gud, burde vi angre og forberede oss for søndag med et rent hjerte.

Og når vi kommer til søndagsgudstjeneste, trenger vi å komme til Gud med et takknemlig hjerte. Vi må komme til Ham med et lykkelig hjerte og et forventende hjerte, akkurat som en brud venter på hennes brudgom. Med en slik holdning, vil vi fysisk gjøre oss selv klare ved å bade, og kanskje til og med gå til hårsalongen eller barbereren for å være sikker på at vi ser rene og velstelte ut.

Vi vil kanskje også gjøre rent huset. Vi burde også ha plukket ut et rent og pent klesplagg på forhånd som vi kan ha på oss i kirken. Vi burde ikke involvere oss i noen verdslige saker sent søndag kveld som fortsetter inn til søndag. Vi burde holde oss vekk ifra aktiviteter som kanskje vil hindre bedingen vi offrer til Gud på søndagen. Vi må også prøve å vokte våre hjerter mot å bli irritable, sinte, eller opprørte, slik at vi kan tilbe Gud i ånden og i sannheten.

Så med et spennende og kjærlig hjerte, burde vi se frem til søndagen og forberede oss til å bli et menneske som fortjener å motta Guds nåde. Dette vil få oss til å erfare Herrens åndelige Sabbat.

Det Andre, Vi Burde Gi Hele Søndagen Bare til Gud.

Selv blandt de troende er det mennesker som gir Gud bare gudstjenesten søndag morgen, og så hopper over kveldsandakten. De gjør det for å hvile, på grunn av fritidsysler, eller de tar vare på andre ting. Hvis vi virkelig vil holde Sabbaten hellig med et Gudfryktig hjerte, må vi holde hele dagen hellig. Grunnen til at vi hopper over kveldsandaktene for å gjøre mange andre ting er fordi vi lar hjertene våres følge det som er tilfredstillende for det kjødelige, og så går vi etter de verdslige tingene.

Med en slik innstilling, er det veldig lett å bli avledet med andre tanker under morgengudstjenesten. Og selv om vi har kommet til kirken, kan vi ikke gi Gud en virkelig verdighet. Under gudstjenesten vil tankene våres kanskje bli fylt med tanker som, "Jeg vil gå hjem og slappe av så fort denne gudstjenesten er over," eller "Å, det vil bli så gøy å se vennene mine etter kirken," eller "Jeg må forte meg å åpne butikken så fort dette er over." Alle slags tanker vil gå inn og ut av våre sinn og vi kan ikke fokusere på budskapet, eller vi vil kanskje også være søvnige og trette under gudstjenesten.

Og selvfølgelig for de nye troende, siden troen deres er ung, vil de kanskje bli lett avledet, eller hvis de kanskje er veldig trette fysisk, vil de bli veldig trette. Siden Gud vet hvor mye tro alle har og ser inne i alles hjerter, vil Han bli barmhjertig med dem. Men hvis det er noen som en antar har mye tro men hele tiden blir avledet og sovner under gudstjenesten, er han simpelthen uhøflig overfor Gud.

Å holde Sabbat dagen hellig betyr ikke bare å holde seg fysisk på innsiden av kirken på søndag. Det betyr å holde senteret av hjertet vårt og oppmerksomheten vår på Gud. Bare når vi ber til Gud på en riktig måte hele søndagen i ånden og i sannheten vil Han lykkelig motta den behagelige aromaen fra hjertene våre når vi ber.

For å kunne holde Sabbat dagen hellig, er det viktig hva du gjør utenom kirketiden, på søndagene. Vi burde ikke tenke, "Siden jeg var med på gudstjenesten har jeg gjort alt det jeg trenger å gjøre." Etter gudstjenesten trenger vi å komme sammen med andre troende og tjene Guds kongerike ved å gjøre ren kirken, eller hjelpe med å veilede trafikken i parkeringsplassen, eller å gjøre andre frivillige arbeider i kirken.

Og etter at dagen er over og vi kan gå hjem og hvile, burde vi avstå fra fritidsaktiviteter bare for å tilfredstille seg selv. Vi burde istedenfor meditere på budskapet som vi hørte den dagen, eller holde oss sammen med familien og snakke og dele om Guds nåde og sannhet. Det ville være en god ide å slå av TV, men hvis vi må se på den, burde vi prøve å ikke se på visse show som kunne utløse vår lyst eller som kunne få oss til å søke etter verdslige tilfredstillelser. Vi burde istedenfor skru på programmer som er gode, rene, og enda bedre hvis de hadde vært basert på troen.

Når vi viser Gud at vi prøver vårt beste å tilfredstille Ham, selv med de små tingene, vil Gud som ser på oss fra innerst inne i våre hjerter, motta vår tilbedelse med glede, fylle oss med hele den Hellige Ånd, og velsigne oss slik at vi kan virkelig hvile.

Det Tredje, Vi Må Ikke Gjøre Verdslige Arbeider.

Nehemia, guvernøren i Israel under Kong Artaxerxes, Kongen av Persia, forstod Guds vilje, ikke bare det å bygge opp veggene i byen Jerusalem men også være sikker på at menneskene holdt Sabbat dagen hellig.

Det er derfor han nektet å arbeide eller selge på Sabbat dagen, og han løp til og med etter folk som sov utenfor byveggene som ventet der for å gjøre handel dagen etter Sabbat dagen.

I Nehemia 13:17-18, advarer Nehemia hans folk, *"Hva er disse onde tingene dere gjør, ved å misbruke Sabbat Dagen? Gjorde ikke dine fedre det samme, slik at vår Gud brakte til oss på denne byen alt dette problemet?"* Hva Nehemia sier er at å gjøre forretning på Sabbat dagen bedrar Sabbat dagen og hisser opp Guds sinne.

Alle de som bryter Sabbaten kjenner ikke Guds myndighet og tror ikke på Hans løfte med å velsigne de som holder Sabbat dagen hellig. Det er derfor Gud, som er rettferdig, ikke kan beskytte dem, og det vil ende opp med at kalamittene faller ned på dem.

Gud vil fremdeles befale de samme tingene til oss alle i dag. Han ber oss om å arbeide hardt i seks dager, og så hvile den sjuende dagen. Og hvis vi husker på Sabbat dagen ved å holde den hellig, da vil Gud gi oss mere enn nok overskudd slik at vi ikke trenger å arbeide den sjuende dagen, men Han vil velsigne oss helt til vårt varehus oversvømmer.

Hvis du ser på 2. Mosebok 16. kapittel, kan du se at mens Gud ga isralittene manna og vaktel hver eneste dag, ga Han dem dobble porsjoner den sjette dagen, slik at de kunne forberede seg for Sabbat dagen. Blandt isralittene var det noen som på grunn av egoisme, dro ut for å få manna på Sabbat dagen, men som kom tilbake tomhendte.

Den samme åndelige loven gjelder for oss her i dag. Hvis en av Guds barn ikke holder Sabbat dagen hellig og bestemmer seg for å arbeide på Sabbat dagen, vil han kanskje få en kortvarig fortjeneste, men på langsikt, for den ene eller den andre grunnen, vil han egentlig erfare langvarig tap.

Sannheten er, selv om det virker som om du tjener penger akkurat da, vil du helt sikkert møte litt uforutsette problemer uten Guds beskyttelse. Du kan for eksempel ende opp i en ulykke, eller bli syk, o.s.v., som kan til slutt ende opp som et større tap enn noen annen fortjeneste som du før fikk.

På den annen side, hvis du husker på å holde Sabbat dagen hellig, vil Gud vokte over deg for resten av uken og lede deg mot velstand. Den Hellige Ånd vil vokte deg med Hans flammende søyler, og beskytte deg fra sykdom. Han vil velsigne deg og ditt firma, ditt arbeidssted, og alle andre steder som du vil gå.

Det er på grunn av dette at Gud gjorde dette budskapet til et av de Ti Budskapene. Han satte til og med opp en rekke straffer, steining av mennesker som ble tatt for å arbeide på Sabbat dagen, slik at Hans mennesker ville huske og ikke glemme viktigheten av Sabbat dagen og ikke gå mot den evige døden (4. Mosebok 15. kapittel).

Fra det øyeblikket hvor jeg aksepterte Kristus i mitt liv, var jeg sikker på å holde Sabbaten og holde den hellig. Før jeg startet kirken vår, drev jeg en bokbutikk. På søndagene var det mange mennesker som kom til butikken for å låne eller returnere bøker. Og hver eneste gang dette skjedde, sa jeg, "Det er Herrens dag i dag, så butikken er lukket," og jeg gjorde ingen handel på den dagen. På grunn av dette, istedenfor å erfare tap, ga Gud meg så mye velsignelse den sjette dagen vi arbeidet, at vi aldri mere trang å tenke på å arbeide på søndagene!

Når Det er Lovlig Å Arbeide eller Holde Handel på Sabbaten

Når du ser på Bibelen, var det tilfeller hvor det å arbeide eller handle på Sabbaten var lovlig. Dette er i tilfeller hvor arbeide er nødvendig for å gjøre Herrens arbeide eller for å gjøre gode arbeider, som for eksempel å redde menneskeliv.

Matteus 12:5-8 sier, *"Eller har dere ikke lest i loven at prestene hver Sabbat bryter sabbaten i tempelet og likevel er uten skyld? Men Jeg sier dere: Her er det som er større enn tempelet. Hadde dere skjønt hva dette ordet betyr, 'Det er barmhjertighet Jeg vil ha, ikke offer.' Da hadde dere ikke dømt dem som er uten skyld. For Menneskesønnen er Herre over Sabbaten."*

Når prester slakter dyr for brennings offre på Sabbat dagen, er det ikke sett på som arbeide. Så all slags arbeide som har blitt gjort for Herren på Herrens Dag kan ikke bli sett på som overtredelse av Sabbaten, siden Han er Sabbatens Herre.

Hvis for eksempel kirken vil gi koret og lærerne et måltid for at de har arbeidet så hardt i kirken hele dagen, men kirken ikke har en kafeteria eller den rette bygningen hvor de kan gjøre dette, da er det tillatt for kirken å kjøpe mat for dem andre steder. Dette er fordi Herren av Sabbaten er Jesus Kristus, og kjøpe mat på denne måten er for at de har arbeidet for Herren. Det hadde selvfølgelig vært mye mere ideelt hvis maten kunne ha blitt forberedt inne i kirken.

Når bokbutikkene blir åpnet på søndagene inne i kirken, blir ikke dette sett på som å vanhellige Sabbaten fordi tingene som blir solgt i kirkens bokbutikk kan ikke bli sett på som verdslige ting. De er bare ting som gir liv til de som tror på Herren. De inkluderer Bibelen, Hymnene, nedskrivning av gudstjenester, og andre ting som er forbundet med kirken. Salgsautomater og matsaler innenfor kirken kan også bli tillatt fordi de hjelper de troende i kirken på Sabbat dagen. Inntekten ifra disse salgene blir brukt til å støtte misjoner og goodwill organisasjoner, så de er forskjellige fra fortjenesten fra ikke-kirkelige salg som foregår utenfor kirken.

Gud ser ikke på noen slags arbeider på Sabbaten som brudd på Sabbaten som for eksempel stillinger i det militære, politistyrker, sykehuser, o.s.v. Dette er stillinger hvor de arbeider for å beskytte og redde liv og gjør gode arbeider. Men selv om du faller inn i denne kategorien, burde du fokusere på Gud, selv om dette betyr bare i hjertet ditt. Du burde i ditt hjerte bli villig til å be din sjef om å forandre din fridag, hvis dette er mulig, for å kunne holde Sabbaten.

Hva med de troende som holder deres bryllups seremoni på søndag? Hvis de sier at de tror på Gud og de har deres bryllups seremoni på Herrens Dag, viser det at deres tro er veldig ung.

Men hvis de bestemmer seg for å ha deres bryllup på søndag og ingen fra kirken deres kommer til bryllupet, vil de kanskje føle seg støtt og komme seg på avveie vekk ifra troen. Så i dette tilfelle, vil kanskje kirkemedlemmer komme til bryllups seremonien etter søndagsgudstjenesten.

Det er for å vise omtenksomhet for de som gifter seg og for at ingen skal bli såret og gli vekk ifra troen deres. Men etter at seremonien er det ikke akseptabelt for deg å gå til mottakelsen etterpå som er ment for gjester for at de skal nyte seg selv.

Bortsett fra disse tilfellene, vil det bli mange flere spørsmål om Sabbat dagen. Men så fort du begynner å forstå Guds hjerte kan du lett finne svaret på disse spørsmålene. Når du kaster vekk alle ondskapene ifra ditt hjertet, da kan du tilbede Gud med hele ditt hjerte. Du kan handle med en seriøs kjærlighet mot andre sjeler istedenfor å dømme dem med kunstige regler og regulasjoner akkurat som saddukeerne og Fariseerne. Vi kan nyte en sann Sabbat i Herren uten å krenke Herrens Dag. Da vil du vite Guds vilje i alle situasjoner. Du vil godt vite hva du skal gjøre ved ledelsen av den Hellige Ånd og du vil alltid kunne nyte friheten ved å leve i sannheten.

Gud er kjærlighet, så hvis Hans barn adlyder Hans budskaper og gjør det som tilfredstiller Ham, vil Han gi dem alt det de spør etter (1. Johannes 3:21-22). Han vil ikke bare gi oss Hans nåde, men Han vil også velsigne oss slik at vi kan bli vellykket og fremgangsrike i livene våres. På slutten av livene våres vil Han lede oss til det beste oppholdsstedet i himmelen.

Han har forberedt himmelen for oss slik at vi kan dele vår kjærlighet og lykke i all evighet i himmelen med vår Herre, akkurat som en brud og brudgom deler deres kjærlighet og lykke sammen. Dette er den sanne Sabbaten som Gud har oppbevart for oss. Så jeg ber at din tro vil vokse og bli større med hver eneste dag som går, idet du husker Sabbat dagen ved å holde den fullstendig og hellig.

6. Kapittel
Det Femte Budskapet

"Du Skal Hedre Din Far og Din Mor"

2. Mosebok 20:12

"Du skal hedre din far og din mor, så du får leve lenge i det landet HERREN din Gud gir deg."

En kald vinter, når veiene i Korea var fulle av lidende flyktninger fra ruinene i den koreanske krigen, var det en kvinne som var klar til å føde. Hun hadde mil å gå før hun nådde hennes planlagte bestemmelsessted, men idet hennes veer vokste seg sterkere og kom oftere, klatret hun forsiktig under en nedlagt bro. Hun lå på en kald, frossen bakke, og holdt ut smertene av fødselen alene og brakte så et lite barn til verden. Så dekket hun den blod dekkede spedbarnet med hennes egne klær og holdt ham i hennes favn.

En liten stund senere kom en amerikansk soldat som hadde gått forbi broen og hørt barnet gråte. Han fulgte lyden av gråten og klatret ned under broen og fant en død, frossen, naken kvinne som var sammenkrøpet over et gråtende barn som var dekket i lag av klesplagg. Akkurat som kvinnen i denne fortellingen, vil foreldre elske barna deres helt til de lett og uselvisk oppgir deres eget liv for dem. Så hvor mye større tror du ikke Guds betingelsesløse kjærlighet er overfor oss?

"Du Skal Hedre Din Far og Din Mor"

For å "Ære din far og din mor" betyr å adlyde dine foreldres vilje, og å gi dem virkelig respekt og høflighet. Våre foreldre fødet oss og oppdro oss. Hvis våre foreldre ikke hadde eksistert, da ville heller ikke vi eksistert. Så selv om Gud ikke hadde gjort dette til en av de Ti Budskapene, ville mennesker med gode hjerter ære deres foreldre allikevel.

Gud gir oss dette budskapet, "Du skal hedre din far og din mor," fordi akkurat som Han har sagt i Efeserne 6:1, *"Barn, deres skal adlyde deres foreldre for Herrens skyld, for dette er riktig,"* Han vil at vi skal ære våre foreldre ifølge Hans ord. Hvis det skjer at du ikke adlyder Guds ord for å tilfredstille dine foreldre, da er dette ikke virkelig å ære dine foreldre.

Hvis du er akkurat ved å gå til kirken på søndag og dine foreldre sier, "Ikke gå til kirken i dag. La oss ha litt familie tid," hva burde du så gjøre? Hvis du adlyder dine foreldre for å tilfredstille dem, betyr ikke dette å virkelig ære dem. Dette er å bryte Sabbat dagen og gå imot det evige mørket sammen med dine foreldre.

Selv om vi adlyder og tjener dem godt kjødelig, siden dette er åndelig, veien til det evige helvete, hvordan kan du si at du virkelig elsker dine foreldre? Du må først handle ifølge Guds vilje, og så prøve å røre ved dine foreldres hjerter slik at dere alle kan komme til himmelen sammen. Dette betyr å virkelig ære dem.

I 2. Krønikerbok 15:116 står det, *"Kong Asa tok til og med fra sin farmor Ma'aka verdiheten som kongemor, fordi hun hadde laget et motbydelig bilde for Asjera. Han hogg det ned, knuste det og brendte det opp i Kedron-dalen."*

Hvis dronningen i en nasjon tilbeder idoler, er hun fiendtlig mot Gud og går mot den evige fordømmelse. Ikke bare det, men hun sette også hennes statsborgere i fare ved å la dem tilbede idoler og faller inn i den samme fordømmelse som henne. Det er derfor, selv om Ma'aka var moren hans, prøvde ikke Asa å tilfredstille henne ved å adlyde henne, men istedenfor avsatte han henne fra hennes stilling som dronningmor slik at hun kunne angre på alt det gale hun hadde gjort mot Gud, og folkene kunne også vokne opp og gjøre det samme.

Men Kong Asas avsettelse av hans mor fra hennes stilling som dronningmor betydde ikke at han stoppet å fullføre hans forpliktelse som hennes sønn. På grunn av at hans elsket hennes sjel, fortsatte han å respektere henne og ære henne som hans mor.

For å kunne si, "Jeg har virkelig hedret mine foreldre," må vi hjelpe de ikke troende foreldrene med å motta frelse og komme til himmelen. Hvis våre foreldre allerede er troende, må vi hjelpe dem med å komme inn til det beste oppholdsstedet i himmelen. Samtidig, burde vi også prøve å tjene og tilfredstille dem så mye vi kan innenfor Guds sannhet, mens vi lever her på jorden.

Gud Er Faderen til Ånden Vår

"Du skal hedre din far og din mor" betyr til sist det samme som å "Adlyde Guds budskap og ære Ham." Hvis noen virkelig ærer Gud dypt i deres hjerte, vil de også ære deres foreldre. Og på samme måte vil de virkelig også tjene Gud, hvis de virkelig tjener deres foreldre. Men sannheten er den at når det kommer til prioritet, burde Gud komme først.

I mange kulturer hvis for eksempel faren forteller sønnen sin, "Gå mot øst," da vil sønnen adlyde og gå mot øst. Men hvis samtidig hans bestefar sier, "Nei, ikke gå mot øst. Gå vestover." Da er det riktigere for sønnen å si til hans far, "Bestefar ba meg om å gå vestover," og så gå vestover.

Hvis faren virkelig ærer hans egen far, vil han ikke bli sint bare på grunn av at hans sønn adlød hans bestefar istedenfor han selv. Denne gjerningen med å adlyde de eldre, ifølge deres generasjonsnivå, kan også bli benyttet i vårt forhold til Gud.

Gud er den som skapte og ga livet til vår far, bestefar, og alle våre forfedre. En person blir skapt ved sammenkomsten av en sædcelle og et egg. Men Han som gir menneskene livets grunnleggende frø, er Gud.

Våre synlige kropper er ikke noe mere enn midlertidige telter som vi bruker den korte tiden vi lever her på jorden. Etter Gud, den sanne herren i hver og en av oss er ånden inne i oss. Samme hvor smart og kunnskapsrik menneskene blir, er det ingen som kan klone ånden til et menneske. Og selv om menneskene kan klone menneske celler og lage en menneskelig utforming, kan vi ikke kalle formen et menneske hvis ikke Gud gir formen en ånd.

Derfor er Gud den virkelige Faderen av ånden vår. Når vi

vet dette burde vi gjøre vårt beste med å tjene og ære våre fysiske foreldre, men vi burde også elske, tjene, og ære Gud mere, fordi Han er den opprinnelsen og den som gir selve livet.

Så en mor eller far som forstår dette vil aldri tenke, "Jeg fødte mitt barn, så jeg kan gjøre akkurat som jeg vil med ham." Akkurat som det har blitt skrevet i Salmenes bok 127:3, *"Se, barna er en gave ifra HEREN, avkommet ifra livmoren er en belønning,"* foreldre med troen vil se på barna deres som et initiativ som de har fått ifra Gud og en uerstattelig sjel som burde bli tatt vare på ifølge Guds vilje og ikke deres egen.

Hvordan en Burde Ære Gud, Faderen av Ånden Vår

Så hva burde vi gjøre for å ære Gud, Faderen av ånden vår?

Hvis du virkelig ærer dine foreldre, burde du adlyde dem og prøve å bringe deres hjerter glede og trøst. På samme måte hvis du virkelig vil ære Gud, burde du elske Ham og adlyde Hans budskap.

Akkurat som det har blitt skrevet i Johannes 1. brev 5:3, *"For det er Guds kjærlighet som sier at vi burde holde på Hans budskap; og Hans budskap er ikke tunge,"* hvis du virkelig elsker Gud, vil du nyte å adlyde Hans budskap.

Budskapene til Gud er med ordene skrevet ned i de seksti seks bøkene i Bibelen. Det er nemlig ord som "Kjærlighet, tilgivelse, fredgjørelse, tjene, be," o.s.v., hvor Gud forteller oss å gjøre noe, og så er det ord som "Du skal ikke hate, ikke fordømme, ikke være overlegen," o.s.v., hvor Gud ber oss om å ikke gjøre noe. Det er også ord som "Kast til og med vekk bare formen av synden," o.s.v., hvor Gud forteller oss å kaste noe vekk fra livene våres, og ord som "Behold Sabbatens dag hellig," o.s.v., hvor Gud forteller oss å beholde noe.

Bare når vi handler ifølge budskapene som ble skrevet ned i Bibelen og blir en velluktende aroma til Gud som en kristen, kan vi si at vi virkelig ærer Gud Faderen.

Det er lett å se at mennesker som elsker og ærer Gud, også elsker og ærer deres foreldre. Dette er på grunn av at Guds budskap allerede inkluderer å hedre våre foreldre og elske våre brødre.

Du skulle ikke tilfeldigvis elske Gud og gjøre ditt beste for å tjene Ham i kirken, men forsømme dine foreldre hjemme på en eller annen måte? Er du noen gang ydmykende og sympatisk mot dine brødre og søstre i kirken, men til andre tider er du frekk og fornærmende til din familie hjemme? Konfronterer du dine eldre foreldre med ord og handlinger som viser frustrasjon og sier at det de sier ikke er klokt?

Selvfølgelig er det tider hvor du og dine foreldre vil ha forskjellige meninger på grunn av ulikheter i generasjonen, utdannelsen, eller kulturen. Men du burde alltid prøve å repsektere og ære dine foreldres meninger først. Selv om vi har rett, burde vi kunne gi vår egen mening vekk for deres, så lenge meningen deres ikke motsier Bibelen.

Vi burde aldri glemme å ære våre foreldre ved å forstå at vi kunne leve og vokse opp til nå på grunn av deres kjærlighet og offringer for oss. Noen mennesker føler kanskje at foreldrene deres ikke gjorde noe for dem og at det derfor var hardt for dem å ære dem. Men selv om noen foreldre ikke har vært trofaste i forpliktelsene deres som foreldre, må vi huske på at det er en grunnleggende menneskelig høflighet å ære foreldrene som fødte oss.

Hvis Du Elsker Gud, Da Vil Du Ære Dine Foreldre

Å elske Gud og ære dine foreldre går hånd i hånd. 1. Johannes 4:20 sier, *"Hvis noen sier, 'Jeg elsker Gud,' og hater hans bror, da er han er løgner; for han som ikke elsker sin bror som han kan se, kan ikke elske Gud som han aldri har sett."*

His noen sier at de elsker Gud men ikke elsker hans foreldre og ikke lever fredfult med hans brødre og søstre, da er denne personen hyklersk, og han lyver. Det er på grunn av dette i Matteus 15. vers 4-9 vi ser at Jesus skjenner fariseerne og skribentene. Ifølge tradisjonen til de eldre, behøver de ikke å engste seg om å gi til foreldrene sine så lenge de gir offringer til Gud.

Hvis noen sier at han ikke kan gi noe til hans foreldre fordi han må gi til Gud, bryter ikke dette bare budskapet om å ære ens foreldre, men siden han bruker Gud som en unnskyldning, er det klart at dette kommer ifra et ondt hjerte; å ville ta noe vekk som egentlig tilhører hans foreldre for å tilfredstille seg selv. Noen som virkelig elsker og ærer Gud helt fra innerst inne i hans hjerte vil også elske og ære hans foreldre.

Hvis det for eksempel er noen som har hatt problemer med å elske hans foreldre tidligere, men som nå begynner å forstå Guds kjærlighet mer og mer, vil han også nå begynne å forstå hans foreldres kjærlighet. Jo lenger inn i sannheten du kommer, kaster vekk dine synder, og lever ifølge Guds ord, jo mere vil hjertet ditt bli fyllt med sann kjærlighet, og jo mere kan du tjene og elske dine foreldre på grunn av det.

Velsignelsene Som Du Mottar når Du Adlyder det Femte Budskapet

Gud ga et løfte til de som elsker Gud og ærer deres foreldre. 2. Mosebok 20:12 sier, *"Du skal hedre din far og din mor, så du får leve lenge i det landet HERREN din Gud gir deg."*

Dette verset betyr ikke simpelthen at du vil leve et langt liv hvis du ærer dine foreldre. Det betyr at like mye som du ærer Gud og dine foreldre i Hans sannhet, vil Han også velsigne deg med rikdommer og beskyttelse deg på alle områder av livet ditt. "Å leve lenge" betyr at Gud vil velsigne deg, din familie, ditt arbeidssted eller firma fra en plutselig ødeleggelse slik at du vi få et langt liv og du vil vokse og trive deg.

Rut, en kvinne fra det Gamle Testamentet, mottok en slik velsignelse. Rut var en hedning fra landet Moab, og når en så på hennes fysiske omstendigheter, ville en si at hun levde et tøft liv. Hun giftet seg med en jøde som hadde forlatt Israel for å unngå hungersnøden. Men ikke lenge etter at de hadde giftet seg, døde han og forlot henne uten noen barn.

Hennes svigerfar hadde allerede gått bort, og det var ingen mann i huset til å forsørge familien. Det eneste andre menneske som var igjen i hennes husholdning var hennes svigermor, Naomi, og hennes svigersøster, Orpah. Når hennes svigermor, Naomi bestemte seg for å dra tilbake til Judeas, bestemte Rut seg hurtig med å følge henne.

Naomi prøvde å overtale hennes unge svigerdatter til å dra og prøve å starte et nytt lykkelig liv, men Rut kunne ikke bli overtalt. Rut ville gjerne ta vare på hennes svigermor, som nå var enke, helt til slutten, så det endte opp med at hun fulgte henne til Judeas, et land som var fullstendig nytt for henne. Fordi hun elsket hennes svigermor så mye, ville hun fullføre alle hennes forpliktelser som svigerdatter. Hun ville gjerne gjøre sitt beste med å ta vare på Naomi så lenge hun kunne. For å gjøre dette, var hun til og med villig til å oppgi sjansen til å finne et nytt, lykkeligere liv for seg selv.

Rut hadde også fått troen på Gud og Israel gjennom hennes

svigermor. Vi kan se hennes rørende tilståelse i Ruts 1. kapittel, vers 16 til 17:

> *Du skal ikke overtale meg til å skille lag med deg og dra hjem igjen. For dit du går, vil jeg gå, og der du bor, vil jeg bo. Ditt folk er mitt folk, og din Gud er min Gud. Der du dør, vil jeg dø, og der vil jeg begraves. Måtte HERREN la deg gå meg ille både nå og siden om noe annet enn døden skiller meg fra deg.*

Når Gud hørte om denne tilståelsen, selv om Rut var en hedning, velsignet Han henne og gjorde henne vellykket i hennes liv. Ifølge jødenes tradisjon hvor en kvinne kunne gifte seg igjen med en av hennes avdøde manns slektninger, kunne Rut starte et nytt, lykkelig liv med en snill mann og leve resten av livet hennes med hennes svigermor, som hun elsket.

På toppen av det hele, kom Kong David gjennom hennes slektninger, og Rut hadde også rettigheten med å dele slektshistorien med Frelseren Jesus Kristus. Akkurat som Gud hadde lovet, mottok Rut mange fysiske og åndelige velsignelser, fordi hun æret hennes foreldre med Guds kjærlighet.

Akkurat som Rut, trenger også vi å elske Gud først, og så ære våre foreldre med Guds kjærlighet, og derfor motta alle de lovte velsignelsene som har blitt inkludert i Guds ord, "du kan leve lenge i landet."

7. Kapittel
Det Sjette Budskapet

"Du Skal Ikke Slå i Hjel"

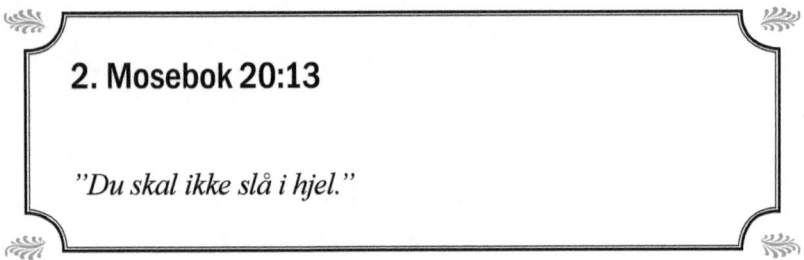

Som en prest møter jeg mange kirkemedlemmer. Bortsett fra de vanlige gudstjenestene, møter jeg dem når de kommer for å motta bønner, deler deres vitnesbyrd, eller søker etter åndelig oppmuntring. For å kunne hjelpe dem med å vokse seg sterkere i troen, vil jeg ofte spørre dem dette spørsmålet; "Elsker du Gud?"

"Ja! Jeg elsker Gud," vil de fleste mennesker trygt si. Men dette er ofte på grunn av at de ikke forstår den virkelige åndelige meningen med å elske Gud. Så jeg deler verset med dem, *"For Guds kjærlighet betyr at vi holder ved Hans budskap"* (1. Johannes 5:3) og forklarer om hva den åndelige meningen er med å elske Gud. Når jeg nå spør dem det samme spørsmålet igjen, vil de fleste mennesker svare med mye mindre sikkerhet den andre gangen.

Det er veldig viktig å forstå den åndelige meningene av Guds ord. Og det er det samme med de Ti Budskapene. Så hvilken åndelig betyding har det sjette budskapet?

"Du Skal Ikke Slå i Hjel"

Hvis vi ser på fjerde kapittel i første Mosebok, er vi vitne til menneskenes aller første mord tilfelle. Dette er tilfelle når Adams sønn, Kain, dreper hans yngre bror Abel. Hvor skjer slike ting?

Abel offret noe til Gud som tilfredstilte Gud. Kain offret noe til Gud som han trodde var riktig, og det som var mest komfortabelt for han selv. Når Gud ikke aksepterte Kains offer, ble Kain sjalu på hans bror og ble fyllt med sinne og bitterhet, istedenfor å prøve å finne ut av hva han hadde gjort galt.

Gud kjente godt til Kains hjerte, og i flere tilfeller hadde Han advart Kain. Gud fortalte ham, *"Ditt begjær er syndig, men du må klare å styre det"* (Første Mosebok 4:7). Men akkurat som det ble skrevet i 1. Mosebok 4:8, *"Men når de var ute på marken, reiste Kain seg opp mot hans bror Abel og drepte ham,"* var Kain ikke istand til å kontrollere hans hjerte og endte opp med å begå den ugjenkallelige synden.

Fra ordene "Når de var ute på marken," kan vi se at Kain hadde ventet på et øyeblikk hvor han kunne bli alene med hans bror. Dette betyr at Kain allerede hadde bestemt seg for å drepe hans bror, og at han bare så etter det riktige øyeblikket. Mordet som Kain begikk var ikke et ulykkestilfelle; det var et resultat av hans ukontrollerte sinne som omgjorde seg til handling på bare et sekund. Det er dette som gjorde Kains mord til en så stor synd.

Etter Kains mord var det mangfoldige andre mord som fandt sted gjennom menneskenes historie. Og siden verden er full av synder, er det i dag mangfoldige mord som skjer hver eneste dag. Gjennomsnittsalderen på forbrytere går ned, og forbrytelsene blir ondere og ondere. Hva som er verre er at mordtilfeller hvor foreldre dreper sine barn og barn dreper sine foreldre ikke lenger er sjokkerende.

Fysisk Mord: Drepe en annen Person

Rettslig er det to forskjellige slags mord: det er førstegradsmord, hvor en person dreper et annet menneske med vilje av en spesiell grunn; og så er det anneengradsmord, hvor en person uforsettlig dreper en annen person. Å myrde på grunn av ondskap eller materialistisk fortjeneste eller å drepe noen ved et ulykkestilfelle gjennom hensynsløs kjøring er alle mord; men vekten av synden varierer for hvert tilfelle, avhengig av situasjonen. Noen mord blir ikke sett på som synd, som for eksempel å drepe i krigskamper eller drepe noen på grunn av rimelig selvforsvar.

Bibelen sier at hvis en person dreper en tyv som bryter inn i huset ditt på natten, vil ikke dette bli sett på som et mord, men hvis personen dreper en tyv som bryter inn i hans hus på dagen, vil dette bli sett på som urimelig selvforsvarelse, og han må bli straffet. Dette er på grunn av at for flere tusen år tilbake, når Gud ga denne loven, kunne mennesker lett løpe etter eller fange en tyv ved hjelp av en annen person.

Gud så på urimelig selvforsvar som forårsaket at den andre døde en synd i dette tilfelle, fordi Gud nekter forsømmelse av menneskerettigheter og misbruk av livets verdighet. Dette viser Guds rettferdige og elskelige natur (2. Mosebok 22:2-3).

Selvmord og Abort

Bortsett fra de tidligere omtalte mord typene, er det også tilfelle om 'selvmord.' 'Selvmord' er klart og tydelig sett på som 'mord' i Guds øyne. Gud har suverenitet over alle menneskers liv, og selvmord er en handling hvor en nekter denne suvereniteten. Det er på grunn av dette at selvmord er en stor synd.

Men mennesker begår denne synden fordi de ikke tror på liv etter døden, eller de tror ikke på Gud. Så på toppen av å begå synden med å ikke tro på Gud, begår de også synden med å myrde. Så forestill deg hva slags dom som venter på dem!

Med strømmen av internet brukere er det nå for tiden ofte tilfeller hvor mennesker blir fristet til å begå selvmord. I Korea er kreft den høyeste årsaken til døden blandt mennesker i førti årene, og den andre årsaken er selvmord. Dette har blitt et seriøst sosialt problem. Mennesker må forstå det faktum at de ikke har myndighet til å gjøre slutt på deres egne liv, og selv om de har avsluttet livene deres her på jorden betyr ikke dette at problemet som de har forlatt vil bli løst.

Så hva med abort? Sannheten med dette er at livet til et barn i livmoren er under Guds suvereigne makt, så abort vil også derfor falle under kategorien som mord.

I dagens tid hvor synd kontrollerer så mange menneskers liv, vil foreldre abortere deres barn uten å se på det som en synd. Å myrde en annen person er i seg selv en forferdelig synd, men hvis foreldre tar livet av deres eget barn, hvor mye større er ikke synden?

Fysisk mord er en klar synd, så hvert eneste land har veldig strenge regler mot det. Det er også en forferdelig synd overfor Gud, så fiende djevelen kan bringe alle slags prøvelser og motgang til de som myrder. En forferdelig dom venter også på dem i livet etterpå, så ingen burde begå synden med å myrde.

Åndelig Mord som Skader Ånden og Sjelen

Gud ser på et fysisk mord som en forferdelig synd, men Han tar også i betraktning åndelig mordsom er like illesom en forferdelig synd. Så hva er egentlig et åndelig mord?

Det første, et åndelig mord er når en person gjør noe utenfor Guds sannhet, gjennom ord eller handlinger, og ender opp med at en annen person snubler i troen.

For å få en annen troende til å snuble, er å ødelegge hans ånd ved å få ham til å flytte seg vekk ifra Guds sannhet.

La oss si at en ung troende kom opp til en av kirkemedlemmene for å få rådgivning og han spurte, "Er det OK hvis jeg dropper søndagsgudstjenesten for å ta vare på noe veldig viktig foretningsmessig?" Hvis lederen råder ham til, "Vel, hvis det er for en slik viktig handel, da tror jeg det skulle være OK for deg å droppe søndagsgudstjenesten," da vil denne lederen gjøre at den unge troeren snublet.

Eller si at noen som har ansvaret for kirkens hovedkasse spør, "Kan jeg låne litt av kirkepengene for personlig bruk? Jeg kan betale alt tilbake om et par dager." Hvis kirkelederen svarer, "Så lenge du betaler det tilbake før eller siden, har det ikke noe å si," da lærer lederen ham noe som motsier Guds vilje, og han vil derfor skade hans venns troende ånd.

Eller hvis en liten gruppeleder sier, "Vi bor i en veldig travel verden nå om dagen. Hvordan kan vi overhodet møtes ofte?" og han lærer hans troende medmennesker å ikke ta kirkemøter seriøst, han lærer dem det motsatte av Guds sannhet, og han gjør derfor at hans troende medmennesker vil snuble (Hebreerne 10:25). Akkurat som det har blitt skrevet, *"Hvis en blind mann leder en blind mann, vil de begge falle inn i en grav"* (Matteus 15:14).

Så å lære andre troende usanne informasjoner og forårsake dem til å snuble vekk ifra Guds sannhet er et slags åndelig mord. Å gi troende falsk informasjon kan få dem til å erfare vanskeligheter uten grunn. Det er derfor kirkeledere som har stillingen med å lære andre troende burde be iherdig til Gud og gi ut korrekt informasjon, eller de burde referere spørsmålene deres til en annen leder som kan helt sikkert gi dem det riktige svaret ifra Gud og føre de voksende troerene i den rette retningen.

Å si ting som en ikke burde si eller si onde ord som kan falle inn i en kategori med åndelig mord. Å si ting som fordømmer eller dømmer andre, skaper synagoge for Satan ved å sladre, eller skape uenighet mellom mennesker er alle eksempler på å provokere et annet menneske til å hate eller handle på grunn av ondskap.

Hva som er verre er når mennesker sprer rykter om en av Guds tjenere, akkurat som prestene, eller angående en kirke. Disse ryktene kan få mennesker til å snuble, og de som derfor sprer disse ryktene vil med sikkerhet møte dommen foran Gud.

I noen tilfeller kan vi se at menneskene skader deres egne ånder på grunn av ondskapen i hjertene deres. Eksempler på disse typer mennesker er jødene som prøvde å drepe Jesus—selv om Han handlet i sannheten—eller Judas Iskariot som bedro Jesus ved å selge Ham til jødene for tredve sølv mynter.

Hvis noen snubler etter at de har sett noens svakhet, burde også denne personen vite at han har ondskap i seg. Det er tider når mennesker ser på en nyfødt kristen som ikke har kastet vekk hans tidligere måter ennå og som sier, "Og han kaller seg selv en kristelig? Jeg går ikke i kirken på grunn av ham." Dette er et tilfelle hvor de får seg selv til å snuble. Det var ingen andre som gjorde at dette skjedde med dem; de skader heller seg selv på grunn av deres egen ondskap og dømmende hjerte.

I enkelte tilfeller vil mennesker falle vekk ifra Gud etter at de har blitt skuffet med noen som de kanskje tror er sterke kristne, og påstod at de handlet slik på grunn av løgnene. Hvis de bare hadde fokusert seg på Gud og Herren Jesus Kristus, ville de ikke snuble, eller forlate veien til frelse.

Det er for eksempel tider hvor mennesker medunderskriver for en person som de virkelig stoler på og respekterer, men av en eller annen grunn går noe galt, og medunderskriveren får vanskeligheter på grunn av det. I dette tilfelle, vil mange mennesker bli veldig skuffet og fornærmet og støtt. Når noe slikt skjer, må de forstå at situasjonen bare beviser at troen deres ikke var sann, og at de burde angre på deres ulydighet. Det er de som var ulydige mot Gud når Han fortalte oss spesielt om ikke å opprette beskyttelse for gjeld (Salomos ordspråk 22:26).

Og hvis du virkelig har et godt hjerte og en sann tro, når du ser noen andre svakheter, burde du be for ham med et medlidende hjerte og vente til at han forandrer seg.

I tillegg, vil noen mennesker kanskje bli en hindring for seg selv etter at de blir støtt mens de hører på Guds budskap. Hvis for eksempel presten holder en preken angående en spesiell synd, selv om presten aldri engang tenkte på dem, eller nevnte navnene deres, tenker de, "Presten prater om meg! Hvordan kunne han gjøre dette foran alle disse menneskene?" Og så forlater de kirken.

Eller når presten sier at tiendedelen tilhører Gud og at Gud velsigner de som gir tiendedelen, vil noen klage over at kirken putter altfor mye vekt på penger. Og når presten vitner om Guds makt og Hans mirakler, er det noen menensker som sier, "Dette er helt ubegripelig for meg," og klager om at budskapene ikke passer godt med deres kunnskap og utdannelse. Dette er alt sammen eksempler på mennesker som selv blir fornærmet og som skaper deres egen hindring i hjertene deres.

Jesus sa i Matteus 11:6, *"Og velsignet er han som ikke blir fornæmet med Meg,"* og i Johannes 11:10 sa Han, *"Men hvis noen spaserer på kvelden, vil han snuble, fordi han ikke har lyset i ham."* Hvis noen har et godt hjerte og ønsker å motta sannheten, vil han ikke snuble eller falle vekk fra Gud, fordi Hans ord, som er lyset, vil være inne i ham. Hvis noen snubler over en hindring eller blir fornærmet av noe, vil dette bare bevise at han fremdeles har mørket inne i seg.

Og når en selvfølgelig blir lett fornærmet, er dette et tegn på at han enten er svak i hans tro eller at han har mørket i hans hjerte. Men en person som fornærmer en annen person er også ansvarlig for hans gjerninger. For en person som gir en beskjed til en annen person, selv om det han sier er fullstendig sant, burde han prøve å si det klokt, på en måte som forbinder mottakerens nivå med troen.

Hvis du forteller en nyfødt kristen som akkurat har mottat den Hellige Ånd, "Hvis du vil bli frelst, burde du slutte å drikke og røyke," eller "Du burde aldri åpne din butikk på søndager," eller "Hvis du begår synden med å slutte å be, vil det komme en vegg mellom deg og Gud, så vær sikker på at du går i kirken og ber hver eneste dag," vil dette være det samme som å mate kjøtt til et spedbarn som burde bli ammet. Selv om den nyfødte kristne adlyder under press, vil de sikkert tenke, "Å være en kristen er veldig vanskelig," og de vil kanskje føle seg tynget, og før eller senere vil de oppgi deres gange i troen fullstendig.

Matteus 18:7 sier, *"Ve denne verden som lokker til fall! Slike forførelser må komme, men ve det menneske som de kommer fra!"* Selv om du sier noe til fordel for en annen person, hvis det du sier forårsaker at den andre personen blir fornærmet eller faller vekk ifra Gud, vil dette bli sett på som åndelig mord, og du vil ikke kunne unngå noen prøvelser for å betale for denne synden.

Så hvis du elsker Gud, og hvis du elsker andre, burde du praksisere selvkontroll med hvert eneste ord du sier, slik at det du sier bringer nåde og velsignelser til alle de som hører på. Selv om du lærer noen om noe i sannheten, burde du prøve å være sensitiv og se på om det du sier får ham til å føle seg anklaget og tung i hjertet, eller om det gir ham håp og styrke å anvende det som han har lært i livet, slik at alle de du har hjulpet kan spasere den ærede veien med et liv i Jesus Kristus.

Det Åndelige Mordet med å Hate En Annen Bror

Det andre slags åndlige mordet er å hate en annen bror eller søster i Kristus.

Det er skrevet i 1. Johannes 3:15, *"Alle de som hater hans bror er myrdere; og du vet at ingen som morder kan noensinne få evig liv i seg."*
Dette er i bunn og grunn på grunn av at roten av mordet er hat. Først er det noen som kanskje vil hate en annen person i hjertet hans. Men når dette hatet vokser, kan det forårsake at han frembringe en ond handling mot det andre menneske, og på slutten vil dette hatet kanskje også få ham til å myrde. I Kains tilfelle, begynte det også når Kain startet å hate hans bror Abel.

Det er på grunn av dette i Matteus 5:21-22 at det står, *"Dere har hørt at det er sagt til forfedrene, 'Du skal ikke slå ihjel, skal være skyldig for domstolen.' Men Jeg sier dere: Den som blir sint på sin bror, skal være skyldig for domstolen, og den som sier til sin bror: 'Din idiot!' skal være skyldig for Det høye råd, og den som sier: Din ugudelige narr! Skal være skyldig til helvetes ild."*
Når en person hater andre mennesker i hans hjerte, vil hans sinne kanskje få ham til å slåss med dem. Og hvis det skjer noe godt med personen som han hater, vil han kanskje bli sjalu og dømmende, og fordømme den andre personen og spre ordet om

hans svakhet. Han vil kanskje bedra ham og skade ham, eller være fiendtlig med ham. Å hate en annen person og gjøre onde ting mot en annen person er eksempler på åndelig mord.

I det Gamle Testamentets tider, var det ikke lett for mennesker å få omskjærte hjerter og bli hellige, fordi Gud ennå ikke hadde sent den Hellige Ånd. Men nå i det Nye Testamentets tider vil den Hellige Ånd gi oss makt til å bli kvitt selv våre dypeste syndige natur, siden vi kan motta den Hellige Ånden i vårt hjerte.

Å være en av de Treenige Gud, er den Hellige Ånd akkurat som en detaljert mor som lærer oss om Gud Faderens hjerte. Den Hellige Ånd lærer oss om synd, rettferdighet, og dommen, og vil derfor hjelpe oss å leve i sannheten. Det er på grunn av dette at vi til og med kan kaste vekk selve syndens speilbilde.

Og det er også på grunn av dette at Gud forteller Hans barn om aldri å begå fysisk mord, og Han ber oss til og med om å kaste vekk roten av hatet fra hjertene våres. Bare når vi kan kaste vekk all ondskapen fra vårt hjerte og fylle det med kjærlighet, kan vi virkelig oppholde oss i Guds kjærlighet og nyte bevisene på Hans kjærlighet (1. Johannes 4:11-12).

Når vi elsker noen, ser vi ikke deres bedrageri. Og hvis det forekommer at den personen har en svakhet, vil vi føle oss sympatiske overfor ham, og med et håpefullt hjerte vil de oppmuntre ham og gi ham makt til å forandre seg. Når vi fremdeles var syndere, ga Gud oss en slik kjærlighet slik at vi kunne motta frelse og komme til himmelen.

Så vi burde ikke bare adlyde Hans budskap, "Du må ikke myrde," men vi burde også elske alle mennesker—selv våre fiender—med kjærligheten til Kristus og hele tiden motta Guds velsignelse. Og helt til slutt, vil vi komme inn til det vakreste stedet i himmelen og oppholde oss i Guds kjærlighet i all evighet.

8. Kapittel

Det Sjuende Budskapet

"Du Skal Ikke Bryte Ekteskapet"

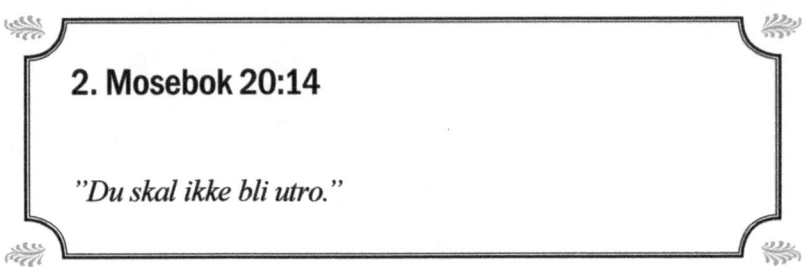

Vesuvius Fjellet i den sørlige delen av Italia var en aktiv vulkan som bare ga fra seg damp en gang i blandt, men mennesker syntes bare at den var en del av det vakre scenebilde i Pompeii.

24. august, 79 e.Kr., rundt tolvtiden på dagen, kom det et stort utbrudd som lignet en sopp sky ut av Vesuvius Fjellet og blokkerte hele himmelen over Pompeii. Med en stor eksplosjon, eksploderte toppen av fjellet og flytende lava og aske begynte å regne ned på jorden.

På bare et par minutter døde mangfoldige mennesker mens de overlevende sprang til sjøen så fort de kunne. Men da skjedde den verste tingen som noensinne kunne skje. Vinden begynte plutselig å blåse opp og blåste mot havet.

En gang til ble inbyggerne i Pompeii, som akkurat hadde overlevd utbruddet ved å flykte til havet, igjen oppslukt av varme og giftig gas som kvelte alle sammen.

Pompeii var en by som fråtset i all slags lyster og idoler. Dens siste dagen minner oss om byene Sodom og Gomorrah fra Bibelen, som erfarte Guds dom med flammene. Skjebnen av disse byene er et klart minne om hvor mye Gud hater begjærende hjerter og idol tilbeding. Dette har klart og tydelig blitt forklart i de Ti Budskapene.

"Du Skal Ikke Bryte Ekteskapet"

Ekteskapsbrudd er den seksuelle interaksjonen mellom en mann og en kvinne som ikke er gift med hverandre. For lang tid tilbake, var ekteskapsbrud sett på som en forferdelig umoral ting. Men hva med i dag? På grunn av utviklingen av EDB maskiner og internettet, har voksne og til og med barn adgang til begjærende stoff rett foran dem.

Moralen om sex i dagens samfunn har blitt så forsømt at sensuelle eller uanstendige bilder blir vist på TV, i filmer, og til og med i tegneserier for barn. Og modig visning av kroppen sprer seg hurtig i mote industrien. Og på grunn av dette sprer det seg også en gal forståelse på sex seg hurtig.

For å finne ut sannheten om disse emnene, la oss studere meningen av det sjuende budskapet, "Du Skal Ikke Begå Ekteskapsbrudd," i tre deler.

Ekteskapsbrudd I Handling

Menneskenes sans for moralske verdier er i dag mye verre enn noen gang før. Så mye at filmer og TV dramaer ofte viser ekteskapsbrudd som en slags vakker kjærlighet. Og disse dagene gir ugifte menn og kvinner lett kroppene deres til hverandre og har til og med sex før de gifter seg og tenker, "Dette er OK for vi skal allikevel gifte oss i fremtiden." Selv gifte menn og kvinner vil åpent tilstå at de har forhold med andre mennesker som de ikke er gift med. Og for å gjøre ting verre, har også alderen hvor mennesker erfarer sexuelle forhold blitt yngre og yngre.

Hvis du ser på loven som eksisterte når de Ti Budskapene ble gitt til Moses, ble folkene som begikk utroskap straffet veldig hardt. Og selv om Gud er kjærligheten, er utroskap en uakseptabel og seriøs synd, og det er derfor Han klart og tydelig dro en grense og forbød det.

Tredje Mosebok 20:10 sier, *"Hvis en mann begår utroskap med en annen manns kvinne, en som begår utroskap med hans venns kone, da skal begge ekteskapsbryterne med sikkerhet bli drept."* Og i det Nye Testamentets tider, er handlingen med utroskap sett på som en synd som ødelegger kroppen og sjelen og som nekter ekteskapsbryteren frelse.

> *"Vet dere ikke at de som gjør urett, ikke skal arve Guds rike? La dere ikke føre vill! Verken de som driver hor, de som dyrker avguder, eller de som bryter ekteskapet, verken menn som ligger med menn, eller som lar seg ligge med, verken tyver, grådige, drukkenbolter, spottere eller ransmenn skal arve Guds rike"* (1. Korintierne 6:9-10).

Hvis en ny troende begår denne synden på grunn av en uvitenhet i sannheten, kan han motta Guds nåde og få et øyeblikk til å angre på hans synder. Men hvis noen som skulle ha vært en åndelig voksen troer med forståelse på Guds sannhet fortsetter å begå en slik synd, er det hardt for ham å til og med motta ånden med angringen.

Tredje Mosebok 20:13-16 prater om synden med å ha sexuelle forhold med et dyr og synden med å ha homosexuelle forhold. Her i dag er det land som rettslig aksepterer homosexuelle forhold; men dette er avskyelig for Gud. Noen mennesker vil kanskje svare og si, "Tidene har forandret seg," men samme hvor mye tidene har forandret seg, og samme hvor mye verden forandrer seg, vil Guds ord, som er sannheten, aldri forandre seg. Så hvis noen er Guds barn, burde han ikke vanhellige seg selv ved å følge moten her på jorden.

Ekteskapsbrudd i Sinnet

Når Gud prater om ekteskapsbrudd, prater Han ikke simpelthen om handlingen med å begå utroskap. Den utvendig handlingen med å begå ekteskapsbrudd er helt tydelig utroskap, men å tilfredstille seg selv mens man forestiller eller ser på umorale handlinger faller også under kategorien av utroskap.

Begjærende tanker får en til å ha et begjærende hjerte; og dette er tilfelle med å begå utroskap i hjertet. Selv om en kanskje ikke har gjort noe fysisk, hvis, for eksempel, en mann ser en kvinne og begår utroskap i hans hjerte, vil Gud kikke på deres hjerte og se på det som om de hadde begått utroskap fysisk.

Det står i Matteus 5:27-28, *"Du har hørt at det ble sagt, 'Du skal ikke begå utroskap'; men jeg sier til deg at alle som ser på en kvinne med et begjær har allerede begått utroskap med henne i hans hjerte."* Etter at en syndig tanke har kommet inn i en persons sinn, vil det flytte seg inn i hans hjerte og så vise seg gjennom hans handlinger. Bare etter at det kommer hat inn i en persons hjerte vil han eller henne begynne å gjøre ting for å bringe skade til noen andre. Og bare etter at raseri bygger seg opp i en persons hjerte, vil han eller hun bli sinte og begynne å banne.

På samme måte er det når en person har begjærende tanker i hans hjerte, kan også dette lett utvikle seg til et fysisk utroskap. Selv om dette ikke er synlig, har han allerede begått utroskap fordi roten til denne synden er det samme hvis noen begår utroskap i sitt hjerte.

En dag, i løpet av mitt første år i presteskolen, ble jeg veldig sjokkert etter at jeg hadde sittet og hørt en gruppe med prester prate. Opp til dette øyeblikket hadde jeg alltid elsket og respektert prester og jeg behandlet dem akkurat som jeg ville behandle Herren. Men på slutten av en veldig opphisset diskusjon, kom de til en konklusjon at "så lenge det ikke var med hensikt, var det ikke en synd hvis en bare begikk utroskap i hjertet."

Når Gud ga Hans budskap, "Du skal ikke begå ekteskapsbrudd," ga Han det ikke til oss fordi Han visste at vi kunne holde oss til det? Siden Jesus sa, "Jeg sier til dere at alle de som ser på en kvinne med begjær for henne har allerede begått utroskap med henne i hans hjerte," må vi simpelthen kaste ut disse begjærende lengslene. Vi trenger ikke å si noe mere. Ja, det kan være vanskelig å gjøre dette med vår egen menneskelige styrke, men med bønn og fasting, kan vi motta styrke ifra Gud for å lett kaste ut begjæret fra hjertene våres.

Jesus hadde på seg kronen med torner og mistet blodet sitt for å vaske vekk syndene vi begikk med tankene og sinnene våres. Gud sendte oss til den Hellige Ånd slik at vi også kan kaste vekk de syndige tingene i hjertet. Så hva spesielt kan vi gjøre for å kaste vekk begjærene fra vårt hjerte?

Fasene Med å Kaste Ut Begjæret fra Vårt Hjerte

La oss for eksempel si at en vakker kvinne eller en flott mann går forbi, og du tenker, "Å, hun er vakker," eller "Han er flott," "Jeg kunne gjerne tenke meg å gå ut med henne," eller "Jeg vil gjerne ha et stevnemøte med ham." Ikke mange mennesker ville sett på disse tankene som begjærlige eller utroskapelige. Men hvis noen sier disse ordene og han virkelig mener det, vil dette være et tegn på begjær. For å kunne kaste ut selv disse hentydningene med begjær, må vi gå gjennom prosessen med å flittig kjempe for å bli kvitt denne synden.

Jo mere du vanligvis prøver å tenke på noe, jo mere vil det fremkomme i ditt sinn. Etter at en har sett et bilde av en mann og en kvinne som begår en umoralsk handling i en film, vil du ikke bli kvitt dette bilde i hodet ditt. Men istedenfor vil bilde fortsette å sette seg inn i hodet ditt om igjen og om igjen. Avhengig av hvor sterkt dette bilde har blitt trykket inn i ditt hjerte, jo lengre vil det oppbevare seg i din hukommelse.

Så hva kan vi gjøre for å kaste ut disse begjærende tankene fra sinnet vårt? Først og fremst må vi prøve å unngå leker, magasiner, eller liknende, som har speilbilder som frister oss til å ha begjærende tanker. Og når en begjærende tanke kommer inn i tankene våres, burde vi hindre våre tankers retning. La oss si at en begjærende tanke plutselig spretter opp i hodet ditt. Istedenfor å la det fortsette, burde du prøve å stoppe den tanken med det samme.

Og idet du forandrer disse tankene til en som er god, sann, og tilfredstillende til Gud, og du fortsetter å be, og spør Ham om hjelp, vil Han helt sikkert gi deg styrken til å bli kvitt disse fristelsene. Så lenge du er villig til å be med lidernskap, vil du få Guds nåde og makt. Og med hjelp av den Hellige Ånd, kan du kaste ut disse syndige tankene.

Men det som er viktig å huske på her er at du burde ikke stoppe etter en eller to ganger. Du må fortsette å be med troen helt til slutten. Det kan ta en måned, et år, eller til og med to eller tre år. Men samme hvor lang tid det vil ta, burde du alltid stole på

Gud og be hele tiden. Da vil Gud gi deg styrken slik at du en dag kan overvinne og kaste vekk begjæret fra ditt hjerte en gang for alle.

Så fort du forlater fasen hvor du kan "Stoppe De Gale Tankene," vil du komme inn i fasen hvor du kan "Kontrollere Ditt Hjerte." På denne fasen selv om du ser et begjærende bilde, vil ikke tankene komme inn i sinnet ditt hvis du besluttet i ditt hjerte, "Jeg må ikke tenke slik," for da vil ikke tankene komme i hodet ditt. Ekteskapsbrudd i hjertet kommer gjennom en kombinasjon av tanker og følelser, og hvis du ikke har kontroll over dine tanker, da vil ikke syndene som kommer fra disse tankene ha noen sjanse for å komme inn i hjertet ditt.

Den neste fasen er en hvor "Ubeleilige Tanker Bare Ikke Oppstår" lenger. Selv om du ser et begjærlig bilde, vil ditt sinn ikke bli påvirket av det, og så kan ikke begjæret komme inn i hjertet ditt. Den neste fasen er fasen hvor "Du Kan Ikke Engang Bevisst Ha Ubeleilige Tanker."

Når du kommer til denne fasen, selv om du prøver å ha begjærlige tanker, vil det bare ikke skje. Siden du har dratt denne synden ut med røttene, selv om du ser et bilde som er begjærlig og provokerende, har du ingen tanker eller følelser om det. Dette betyr at usanne—eller ugudelige—bilder ikke lenger kan komme inn i sinnet ditt.

Og selvfølgelig mens du går gjennom fasene med å kaste ut denne synden, vil det kanskje være tider hvor du kvittet deg med alt, men synden kom krypende tilbake til deg på en eller annen måte.

Men hvis du tror på Guds ord, og du ønsker å adlyde Hans befalinger og kaste vekk dine synder, vil du ikke bli stående stille på din vei mot troen. Det er akkurat som å skrelle en løk. Når du skreller av en eller to lag, vil det virke som om lagene aldri tar slutt, men bare flere lag senere innser du at du har skrelt vekk alle lagene.

De troende som ser på seg selv med troen vil ikke bli skuffet når de tenker, "Jeg har prøvd så hardt, men jeg kan fremdeles ikke kaste ut denne syndige naturen." I motsetning burde de ha troen om at de vil forandre seg helt til de prøver å kaste ut syndene. Og med tanke på dette, burde de bare kjempe hardere. Hvis du innser at du fremdeles har den syndige naturen, burde du heller være takknemlig over at du nå har muligheten til å bli kvitt den.

Hvis en begjærende tanke kommer inn i ditt sinn for bare et sekund mens du går gjennom fasene med å kaste ut lystene fra livet ditt, må du ikke bli engstelig. Gud vil ikke se på det som om vi begår ekteskapsbrudd. Hvis du oppholder deg i den tanken og lar det gå videre, da vil det bli en stor synd, men hvis du angrer med det samme og fortsetter med å bli frelst, vil Gud se på deg med nåde og gi deg makten til å overvinne den synden.

Å Begå Åndelig Ekteskapsbrudd

Å begå ekteskapsbrudd med kroppen kan bli tolket som om en begår kjødelig ekteskapsbrudd, men det som er mere seriøst enn å begå fysisk utroskap er å begå åndelig utroskap. "Åndelig utroskap" er når en person påstår at han er troende og fremdeles elsker verden mere enn Gud. Hvis du tenker på dette, vil den fundamentale grunnen til at en person begår fysisk utroskap være at han har en større kjærlighet for de kjødelige tilfredstillelsene enn Guds kjærlighet i hans hjerte.

Kolosserne 3:5-6 sier, *"La det jordiske i dere dø: hor, urenhet, lidenskap og ondt begjær, og grådighet, som ikke er annet enn avgudsdyrkelse. Alt dette gjør at Guds vrede rammer de ulydige."* Dette betyr at selv om vi mottar den Hellige Ånd, erfarer Guds mirakler, og har troen, hvis vi ikke kaster vekk grådigheten og de urettmessige begjærene fra hjertet vårt, vil vi ha en tendens til å elske de verdslige tingene mer enn Gud.

Vi lærte av det andre budskapet at den åndelige fortolkningen med idol tilbeding er å elske noe mer enn Gud. Så hva er forskjellen mellom "åndelig idol tilbeding" og "åndelig utroskap"?

Idol tilbeding er når mennesker som ikke kjenner Gud, skaper et slags bilde og tilbeder det. Den åndelige tolkningen av "idol tilbedelse" er når troende med en svak tro elsker de verdslige tingene mere enn Gud.

For det er noen nye troende som fremdeles har svak tro, og det er derfor mulig for dem å elske verden mere enn Gud. De vil kanskje ha spørsmål som, "Eksisterer Gud virkelig?" eller "Eksisterer himmelen virkelig?" Siden de fremdeles tviler, er det hardt for dem å leve ifølge ordet. De vil kanskje fremdeles elske penger, berømmelse, eller familien deres mere enn Gud, og de vil derfor begå åndelig idol tilbedelse.

Men ettersom de hører på Guds ord mer og mer, og idet de ber og får erfare Guds svar på bønnene deres, vil de begynne å innse at Bibelen virkelig er sann. Og da kan de få tro på at himmelen og helvete virkelig eksisterer. Senere begynner de å forstå grunnen til at de virkelig trenger å elske Gud først og fremst. Hvis troen deres vokser slik, og de fortsetter med å elske og jakte på de verdslige tingene, da begår de "åndelig utroskap."

La oss for eksempel si at en mann som simpelthen tenkte, "Det ville vært fint å kunne gifte seg med den kvinnen," og at den kvinnen tilfeldigvis gifter seg med en annen mann. I dette tilfelle, kan vi ikke si at de kvinnen begikk utroskap. Siden mannen som hadde ønsket dette simpelthet var forelsket, og kvinnen ikke hadde noe forhold til denne mannen, kan vi ikke si at hun begikk utroskap. For å være mere nøyaktig, var denne kvinnen bare et idol i denne mannens hjerte.

På den annen side, hvis mannen og kvinnen hadde hatt følge, bekreftet deres kjærlighet for hverandre, og giftet seg, og så hadde kvinnen hatt et umoralsk forhold til en annen mann, da ville dette blitt sett på som utroskap. Så du kan se at åndelig idol tilbedelse og å begå åndelig utroskap kan virke veldig like, men de er to veldig forskjellige ting.

Forholdet mellom Isralittene og Gud

Bibelen sammenligner forholdet mellom isralittene og Gud, til forholdet mellom en far og hans barn. Dette forholdet kan også bli sammenlignet med det til en mann og en kone. Dette er på grunn av at forholdet er i likhet med et par som har laget en kjærlighets pakt. Men hvis du ser på historien til Israel, er det mange ganger hvor menneskene fra Israel glemte denne pakten og tilba fremmede guder.

Hedningene tilba idoler fordi de ikke kjente Gud, men isralittene, selv om de hadde kjent Gud veldig godt helt ifra begynnelsen, tilba fremmede idoler på grunn av deres egne egoistiske ønsker.

Det er derfor det står i 1. Krønikerne 5:25, *"Men de ble troløse mot sine fedres Gud. I utroskap holdt de seg til gudene som andre folk i landet dyrket, de som Gud hadde utryddet for dem,"* som betydde at isralittenes idol tilbeding egentlig var åndelig utroskap.

Jeremias 3:8 sier, *"Og Jeg sier at for alle de med utroskap i det trofaste Israel, hadde Jeg sendt henne vekk og gitt henne en skriftlig skilsmisse, men hennes forræderske søster Judas fryktet ikke; men hun dro også og var en hore."* På grunn av Salomons synd, delte Israel seg inn i det nordlige Israel og det sørlige Judeas, under hans sønns Rehoboams styre. Kort etter denne atskillelsen, begikk det nordlige Israel åndelig utroskap ved å tilbede idoler, og på grunn av dette, ble de fornektet og ødelagt av Guds vrede. Da fortsatte det sørlige Judeas også å tilbe deres idoler selv etter at de hadde sett alt dette skje med det nordlige Israel, istedenfor å tilbe deres idoler.

Alle Guds barn som nå lever i det Nye Testamentets tider er Jesus Kristus bruder. Det er derfor apostelen Paulus tilstod dette når det dreide seg om å møte Herren, for han arbeidet hardt for å forberede de troende til å bli rene bruder for Kristus, Han som er mannen deres (2. Korintierne 11:2).

Så hvis en troende kaller Herren "Min Brudgom," mens han eller henne fortsetter med å elske verden og leve vekk ifra sannheten, da begår han eller henne åndelig utroskap (Jakobs 4:4). Hvis en mann eller kone bedrar hans/hennes ektefelle og begår fysisk utroskap, er dette en forferdelig synd som det er vanskelig å tilgi. Hvis noen bedrar Gud og Herren og begår åndelig utroskap, hvor mye verre er ikke hans synd?

I Jeremias 11. kapittel, kan vi se at Gud forteller Jeremias ikke å be for Israel, siden isralittene nektet å stoppe med å begå åndelig utroskap. Han fortsetter til og med med å si at hvis isralittene roper ut til Ham, vil Han ikke høre på dem.

Så hvis alvorligheten med åndelig utroskap når et visst punkt, vil personen som gjør det ikke kunne høre stemmen til den Hellige Ånd; og samme hvor hardt han ber, vil ikke hans bønner bli besvart. Idet en kommer lenger og lenger vekk ifra Gud, vil han bli mere verdslig, og derfor ende opp med å begå alvorlige synder som fører til døden—synder som fysisk utroskap. Akkurat som det har blitt skrevet ned i Hebreerne 6. kapittelet eller 10. kapittelet, er dette akkurat som å korsfeste Jesus Kristus på nytt, og derfor spasere mot døden.

La oss derfor kaste vekk syndene med utroskapen i ånden, sinnet, og eller kroppen, og med den hellige oppførselen, møte kvalifikasjonene til å bli Herrens bruder—skinnende rene og uten blemmer—fullføre et velsignet liv som bringer glede til Faderens hjerte.

9. Kapittel
Det Åttende Budskapet

"Du Skal Ikke Stjele"

2. Mosebok 20:15

"Du skal ikke stjele."

Å adlyde det Tiende Budskapet påvirker direkte vår frelse og vår mulighet til å overvinne, erobre, og styre over fiende djevelens og Satans makt. Til isralittene ble det avgjordt om de var en av Guds valgte mennesker eller ikke når de adlød eller ikke adlød de Ti Budskapene.

Det er akkurat det samme for oss som har blitt Guds barn. Det blir fastslått om vi blir frelst eller ikke ved at vi adlyder eller ikke adlyder Guds ord. Dette er på grunn av at lydigheten til Guds budskap skaper en standard for troen vår. Så lydighet til de Ti Budskapene er knytt til vår frelse, og disse budskapene er også Guds frembringelse av kjærlighet og velsignelse for oss.

"Du skal ikke stjele."

Det er et gammelt koreanskt sagn som sier, "En nål tyv blir en ku tyv." Dette betyr at hvis noen begår en liten forbrytelse og han ikke blir straffet, og han fortsetter med den negative handlingen, vil han ganske snart ende opp med å begå en mye mer seriøs forbrytelse med store negative konsekvenser. Det er på grunn av dette at Gud advarer oss, "Du skal ikke stjele."

Dette er en gjengivelse av en mann ved navn Fu Pu-ch'i, som hadde tittelen "Tsze-tsien" eller "Tzu-chien" og en av disiplene til Confukius, og Tan-fus kommandant i staten Lu, under Kinas Chunqiu (Vår og Høst) Periode og Krigførende Stats Periode.

Det var nyheter om at soldatene fra nabo staten Qi var like ved å angripe, og Fu Pu-ch'i ga ordre om at veggene i kongerike skulle bli lukket.

Det var tilfeldigvis innhøstingstid og avlingene i bønnenes åkre var modne for innhøstning. Menneskene spurte, "Før dere stenger veggen, kan vi høste avlingene i åkrene før fiendene ankommer?" Uten hensyn til menneskenes etterspørsel, hadde Fu Pu-ch'i veggene lukket. Når menneskene begynte å avsky Fu Pu-ch'i, og klaget over at han støttet fiendene, ble han derfor tilkalt av kongen for spørsmål. Når kongen spurte ham om hans handlinger, svarte Fu Pu-ch'I, "Ja, det er et stort tap for oss hvis fiendene våre tar alle våre avlinger, men hvis folkene våres får den vane i all hast å innsamle avlinger fra åkrene som ikke tilhører dem, vil det bli vanskelig å bryte dem fra denne vanen selv etter bare ti år." Med denne forklaringen fikk Fu Pu-chi stor respekt og beundring fra kongen.

Fu Pu-ch'I kunne ha latt menneskene samle opp avlingene akkurat som de hadde spurt om, men hvis de lærer å på en eller annen måte rettferdiggjøre deres handling med å stjele fra noen andres åkre, da ville kanskje de varige følgene være mere skadelige til menneskene og kongerike deres på lang tids sikt. Så "å stjele" betyr å gjøre noe på en gal måte med en gal motivering; eller å ta noe som ikke tilhører en selv, eller hemmelighetsfullt beholde noen andre menneskere eiendeler.

Men "stjelingen" som Gud prater om har også en dypere og

bredere åndelig tolking. Så hva har blitt tilknyttet i meningen med "å stjele," i det åttende budskapet?

Å Ta Noen Andres Eiendeler: den Fysiske Definisjonen av Stjeling

Bibelen forbyr spesielt stjeling, og den utkaster spesielle regler om hva som burde gjøres når noen stjeler (2. Mosebok 22).

Hvis et dyr som har blitt stjålet blir funnet i live i tyvens besittelse, må tyven betale eieren dobbelt så mye som det han stjal. Hvis en mann stjeler et dyr og slakter og selger det, må han betale tilbake fem ganger så mye for kuene og fire ganger så mye sauene til eieren. Samme hvor liten en ting er, er det stjeling når en tar noen andres eiendeler, som til og med samfunnet sier er en frobrytelse og som også har spesielle straffer.

Bortsett fra de helt opplagte tilfellene med stjeling, er det tilfeller hvor mennesker kunne stjele ved å være likegyldig. I hverdagen har vi kanskje fått til vane med å bruke andre folks ting uten å spørre og uten å tenke mye på det. Vi føler oss kanskje ikke engang skyldige med å bruke det uten tillatelse, fordi vi kanskje har nær forbindelse med denne personen eller tinegn vi bruker ikke har stor verdi.

Det er det samme når vi bruker tingene til vår ektefelle uten tillatelse. Selv i en uunngåelig situasjon, burde vi gi det tilbake så fort vi er ferdig med å bruke det, hvis vi har brukt noen andres ting uten tillatelse. Men det er mange tilfeller hvor vi ikke gir det tilbake i det hele tatt.

Dette forårsaker ikke bare at noen andre mister noe; det betyr også at du ikke respekterer den andre personen. Selv om det ikke vil bli sett på som en seriøs forbrytelse ifølge samfunnets lov, vil dette bli sett på som stjeling i Guds øyne. Hvis noen har en virkelig ren samvittighet, og han tar noe—samme hvor liten eller verdiløs—fra noen uten tillatelse, vil han føle seg skyldig.

Selv om han ikke stjeler eller tar det med makt, hvis vi skaffer oss andres eiendeler på en gal måte, vil dette fremdeles bli sett på som stjeling. Å bruke ens stilling eller makt til å motta en bestikkelse ville også falle inn i denne kategorien. 2. Mosebok 23:8 advarer oss, *"Du skal ikke ta en bestikkelse, for en bestikkelse blinder den klarsynte og bryte ned grunnen til det rettferdige."*

Leverandører med et godt hjerte vil føle seg skyldig når de setter prisen forferdelig høy for kundene slik at de kan presse frem høyere fortjeneste for seg selv. Selv om de ikke hemmelig stjal noen andres eiendel, har denne handlingen fremdeles blitt sett på som å stjele fordi de tok mer enn deres del.

Åndelig Stjeling: Å Ta Det som Tilhører Gud

Bortsett fra "stjelingen" hvor du tar fra en annen person uten tillatelse, er det "åndelig stjeling" hvor du tar ifra Gud uten tillatelse. Dette kan egentlig påvirke ens frelse.

Judas Iskariot, en av Jesus' disipler, hadde ansvaret for å passe på alle offringene som menneskene ga etter at de hadde blitt helbredet og eller blitt velsignet av Jesus. Men ettersom tiden går, vil grådighet komme inn i hjertet, og han vil begynne å stjele (Johannes 12:6).

I Johannes 12. kapittel, hvor Jesus besøkte Simons hus i Bethany, møtte vi tilfeldigvis en scene hvor en kvinne kommer og heller parfyme på Jesus. Etter at han så dette, skjelte Judas på henne, og spurte hvorfor hun ikke hadde solgt parfymen og gitt pengene til de fattige. Hvis den dyre parfymen hadde blitt solgt, da ville han som hadde pengepungen, kunnet hjelpe seg selv til de pengene, men siden det ble hellt ut på Jesus føtter, følte han at dette var en lønnsom ting som gikk til spille.

Judas som helt til slutt ble en slave til penger, solgte Jesus over for tredve sølv mynter. Selv om han hadde anledningen til å motta æren med å bli kalt en av Jesus' disipler, stjelte han istedenfor fra Gud og solgte hans lærer, og stablet istedenfor opp hans synder. Han kunne desverre ikke motta den angrende ånden før han tok sitt eget liv og møtte hans miserable slutt (Apostlenes gjerninger 1:18).

Det er på grunn av dette at vi trenger å se litt nærmere på hva som vil skje hvis vi stjeler ifra Gud.

Det Første Tilfelle Er Hvis Noen Setter Sin Hånd På Kirkekassen.

Selv om tyven kanskje er en ikke troende, vil han sikkert føle litt frykt i hans hjerte hvis han stjeler fra kirken. Men hvis en troende tar noe av Guds penger, hvordan kan han da si at han har troen til å motta frelse?

Selv om det aldri er noen som finner ut av det, ser Gud alt, og når tiden kommer, vil Han føre Hans rettferdige dom, og tyven må så betale straffen av synden sin. Hvis tyven ikke kan angre på hans synder og dør uten å motta frelse, hvor ille ville ikke dette være? Innen denne tiden, samme hvor mye han prøver og angrer på hans handlinger, ville det bli for sent. Han burde ikke ha rørt ved Guds penger i det hele tatt.

Det Andre Tilfelle Er Hvis Noen Misbruker Kirkens Eiendeler eller Misbruker Kirkens Penger.

Selv om en ikke har stjålet offringene direkte, er det den samme tingen som å stjele ifra Gud hvis han bruker penger som har blitt samlet inn for medlemsskaps avgift for en misjons gruppe eller andre gaver og bruker det til deres personlige bruk. Det er også stjeling hvis en kjøper kontor saker med kirkepenger og bruker det for hans personlige bruk.

Å sløse med kirkenes ting, ta ut kirkeinnsamlinger for å kjøpe ting og bruke pengerestene for andre ting istedenfor å gi det tilbake til kirken, eller bruke kirke telefonen, elektrisiteten, utstyret, møbler, eller andre ting for personlig bruk uten varsomhet er også en form for mishandling av kirkens penger.

Vi må også være sikre på at barna ikke folder eller river i stykker offrings konvolutter, kirke bulletinene eller avisene for fornøyelse eller lek. Noen vil synes at disse er ubetydelige eller mindre alvorlig forbrytelser, men på et åndelig nivå, er det rett og slett og stjele ifra Gud, og disse tilfellene kan bli syndige hindringer mellom oss og Gud.

Det Tredje Tilfelle Er Å Stjele Tiendedeler og Offringer.

I Malaki 3:8-9 står det, *"Vil et menneske rane Gud? Men allikevel raner du Meg! Men du sier, 'Hvordan har vi ranet Deg?' I tiendedeler og offringer. Du er forbannet med en forbannelse, for de raner Meg, alle sammen av dere!"*

Tiendedelen er å gi Gud en tiendedel av vår fortjeneste, som bevis på at vi forstår at Han er Herren over alle de materialistiske tingene og at Han overser alle våre liv. Det er grunnen til at hvis vi sier at vi tror på Gud men fremdeles ikke gir vår tiendedel, at vi stjeler ifra Gud, og så kan en forbannelse krype inn i livene våres. Dette betyr ikke at Gud vil forbanne oss. Det betyr at når Satan anklager oss for denne gale tingen, kan ikke Gud beskytte oss, fordi vi i virkeligheten bryter Guds åndelige lov. Vi vil kanskje derfor erfare økonomiske problemer, fristelser, uventede ødeleggelser eller sykdommer.

Men som det står i Malaki 3:10, *"'Bring hele tiendedelen til forrådhuset, så det kan finnes mat i mitt hus, og prøv meg på denne måten,' sier HERREN, Allhærs Gud. 'Da skal jeg åpne himmelens luker og øse ut over deres velsignelse i rikt mål.'"* Når vi gir riktige tiendedeler, kan vi motta de velsignelsene og beskyttelsene som Gud hadde lovet.

Og så er det noen mennesker som ikke mottar Guds beskyttelse fordi de ikke gir hele deres tiendedel. Uten å ta hensyn til andre kilder med inntekt, vil mennesker kalkulere deres tiendedel av deres nettoinntekt, istedenfor deres bruttoinntekt, og dette er etter at de har trukket ifra alle fradragene og skattene.

Men riktige tiendedeler er å gi Gud en tiendedel av vår totale inntekt. Inntekt fra en ekstra handel, pengegaver, middagsinvitasjoner, eller gaver er alle en del av ens personlige inntekt, så vi burde regne en tiendedel av verdien fra disse typer inntekter og gi de riktige tiendedelene for dem også.

I noen tilfeller, vil mennesker kalkulere deres tiendedeler men offre det til Gud som en annen type offring, som for eksempel en misjonær offring, eller goodwill offringer. Men dette blir fremdeles sett på som å stjele ifra Gud, fordi dette ikke er en riktig tiendedel. Hvordan kirken bruker offringene er opp til kirkens økonomi avdeling, men det er opp til oss å gi vår tiendedel under den riktige offrings tittelen.

Vi kan også gi andre offringer som takknemlighets offringer. Guds barn har veldig mye å være takknemlige for. Med frelsens gave kan vi dra til himmelen, med forskjellige gjerninger i kirken kan vi høste belønninger i himmelen, og mens vi lever her på jorden, vil vi motta Guds beskyttelse og velsignelse hele tiden, så hvor takknemlig burde vi ikke være!

Det er derfor vi kommer til Gud hver eneste søndag med forskjellige takknemlige offringer og takker Gud for at Han beskytter oss en uke til. Og på bibelske festivaler eller begivenheter hvor vi har en spesiell grunn til å takke Gud, vil vi sette til side spesielle offringer og offre det til Gud.

I vårt forhold med andre mennesker, når noen hjelper oss eller tjener oss på en spesiell måte, vil vi ikke bare bli takknemlige i hjertene våres; vi vil også gi ham noe tilbake. På samme måte, er det bare naturlig at vi vil offre noe til Gud for å vise vår takknemlighet for at vi ble frelst og for at himmelen blir forberedt for oss (Matteus 6:21).

Hvis noen sier at de tror, men fremdeles er gjerrige med å gi til Gud, betyr det at han fremdeles er grådig etter de verdslige tingene. Dette viser at han elsker de materialistiske tingene mer enn Gud. Det er på grunn av dette at Matteus 6:24 sier, *"Det er ingen som kan tjene to herrer; for enten vil han hate den ene og elske den andre, eller han vil gi alt til den ene og forakte den andre. Du kan ikke tjene Gud og rikdom samtidig."*

Hvis vi er modne kristne, og fremdeles elsker materialistiske ting mer enn Gud, da er det mye lettere for oss å gli tilbake i vår tro enn å gå forover. Nåden som vi en gang hadde mottat blir et utdødd minne, hvorfor vi burde være takknemlige vil skrumpe inn, og før vi vet det, vil vår tro skrumpe inn til et punkt hvor vår frelse kommer i fare.

Gud er tilfredstilt med aromaen av en offring fra sann takknemlighet og tro. Alle har en forskjellig måling av troen, og Gud kjenner hver eneste persons situasjon, og Han ser hver eneste persons indre hjerte. Så det er ikke størrelsen eller hvor mye offringer som betyr noe for Ham. Husk at Jesus gratulerte enken som offret to veldig små kobber mynter som var alt hun hadde å leve av (Lukas 21:2-4).

Når vi tilfredstiller Gud slik, vil Gud velsigne oss med så mange velsignelser og grunner til å være takknemlig at offringene vi gir ikke kan bli sammenlignet med velsignelsene som vi mottar fra Ham. Gud forvisser seg om at sjelen vår blomstrer, og Han velsigner oss slik at livene våres bare overflyter av grunner til å være takknemlig. Gud velsigner oss tredve ganger, seksti ganger, og et hundre ganger så mange offringer som vi gir til Ham.

Etter at vi aksepterer Kristus, så fort jeg lærte at vi skulle gi sanne tiendedeler og offringer til Gud, begynte jeg å adlyde med det samme. Jeg hadde samlet opp mye gjeld i løpet av de sju årene som jeg hadde vært sengeliggende med sykdom, men siden jeg var så takknemlig for at Gud hadde helbredet meg av mine svakheter, offret jeg alltid så mye jeg kunne til Gud. Selv om både min kone og jeg arbeidet, betalte vi bare så vidt det var litt ned på rentene på gjelden vår. Til tross for dette dro vi aldri tomhendte til gudstjenestene.

Når vi trodde på den allmektige Gud og adlød ordet Hans, hjalp Han oss med å nedbetale vår overvelmende gjeld på bare et par måneder. Og med tiden kunne vi erfare Guds overveldende og uendelige velsignelser slik at vi kunne leve i overflod.

Det Fjerde Tilfelle Er Stjeling av Guds Ord.

Å stjele Guds ord betyr å lage en falsk forkynnelse i Guds navn (Jeremias 23:30-32). Det er for eksempel mennesker som stjeler Hans ord ved å si at de hørte stemmen til Gud og de snakket om fremtiden akkurat som en spåkone eller forteller en person som fortsetter å mislykkes i hans handel at "Gud gjorde det slik at du mislykkes i din handel fordi det var meningen at du skulle bli en prest, istedenfor å drive et firma."

Det kan også bli sett på som å stjele Guds ord når noen har en drøm eller åpenbaring som har oppstått fra hans egne tanker og han sier, "Gud ga meg denne drømmen," eller "Gud ga meg denne åpenbaringen." Dette faller også inn i kategorien om å misbruke Guds navn.

Og å selvfølgelig forstå Guds vilje gjennom arbeidet til den

Hellige Ånd og proklamere Guds vilje er godt, men for å kunne gjøre dette riktig, trenger vi å sjekke om vi er akseptable overfor Gud. Dette er fordi Gud ikke bare vil snakke til hvem som helst. Han kan bare snakke til de som ikke har ondskap i hjertene deres. Det er på grunn av dette at vi trenger å være sikre på at vi på ingen måter stjeler Guds arbeide mens vi ligger begravet i våre egne tanker.

Annet enn dette, hvis vi noen gang føler stikkende samvittighet, skam, eller forlegenhet når vi tar noe eller gjør noe, er dette et tegn på at vi burde reevaluere oss selv. Grunnen til at vi føler stikkende samvittighet er fordi vi kanskje tar noe som ikke tilhører oss for våre egoistiske grunner, og den Hellige Ånden inne i oss sørger.

Hvis vi for eksempel ikke stjeler noe, hvis vi mottar en lønn etter at vi har arbeidet dovent eller hvis vi mottar en forpliktelse eller et oppdrag i kirken men vi ikke fullfører vårt ansvar, burde vi føle en stikkende samvittighet hvis vi har et godt hjerte.

Og hvis en person som er dedikert til Gud sløser bort tiden som har blitt satt til side for Gud og forårsaker at vi mister tiden til Guds kongerike, stjeler han tid. Vi trenger å være sikre på at vi kommer til tide slik at vi ikke fører til at andre vil tape noe ved å kaste bort tiden deres på grunn av oss.

Vi burde derfor alltid vurdere oss selv for å være sikre på at vi ikke begår synden med å stjele på noen som helst måte, og kaste vekk egoisme og grådighet fra vårt sinn og hjerte. Og med en ren samvittighet, skulle vi streve om å oppnå et sant og alvorlig hjerte overfor Gud.

10. Kapittel

Det Niende Budskapet

"Du Skal Ikke Vitne Falskt Mot Din Neste"

2. Mosebok 20:16

"Du skal ikke vitne falskt mot din neste."

Det var natten da Jesus ble arrestert. Mens Peter satt ute på gårdsplassen hvor Jesus ble forespurt, kom det en tjenestejente og sa til ham, "Du var også med Jesus Galileeren." Ved dette svarte Peter overraskende, "Jeg vet ikke hva du prater om" (Matteus 26).

Peter nektet ikke virkelig Jesus fra hans hjerte—men han løy på grunn av en plutselig bølge av frykt. Rett etter denne begivenheten, dro Peter ut og slo hodet sitt på bakken og gråt bittert. Så når Jesus bærte korset opp til Golgata, kunne Peter bare følge ham på lang avstand, skammende og ute av stand til å løfte opp hans hode.

Selv om alt dette skjedde før Peter mottok den Hellige Ånd, torte han ikke å bli korsfestet som Jesus, i en stående stilling, på grunn av hans løgner. Selv etter at han hadde mottat den Hellige Ånd og dedikert hele hans liv til Hans prestetjeneste, var han så skamfull over da han hadde nektet Jesus, og til slutt volunterte han å bli korsfestet opp ned.

"Du Skal Ikke Vitne Falskt Mot Din Neste"

Av de ordene som menneskene sier daglig, er det noen ord som er veldig viktige, mens andre ord er uten betydning. Noen ord er meningsløse, og noen ord er onde ord som enten skader eller bedrar andre mennesker.

Løgner er onde ord som er langt fra sannheten. Selv om de ikke tilstår det, er det mange mennesker som forteller mange løgner hver eneste dag—både store og små. Noen mennesker sier stolt, "Jeg lyver ikke," men før de vet ordet av det, står de på toppen av et fjell med løgner.

Møkk, lort, og kaos kan bli gjemt i mørket. Men hvis et sterkt lys skinner inn i et rom, vil til og med det minste lille støvkornet eller flekken vise seg klart og tydelig. På samme måte er Gud, som er selve sannheten, akkurat som lyset; og Han ser mange mennesker som hele tiden forteller løgner.

Det er på grunn av dette at Gud i det niende budskapet ber oss om ikke å gi falske vitnemål mot vår nabo. Her blir nabo betegnet som foreldre, brødre, barn—alle unntagen en selv. La oss undersøke hvordan Gud definerer "falsk vitnemål" i tre deler.

Først, "Å Gi et Falskt Vitnemål" Betyr å Si Noe Usannt om Din Nabo.

Vi kan se hvor forferdelig det er å gi et falskt vitnemål når vi for eksempel ser på rettsakene i retten. Siden vitnemålet til et vitne direkte berører den endelige dommen, kunne selv den letteste vippingen av hatten forårsake en stor ulykke til en uskyldig person, og situasjonen kan bli et spørsmål om liv og død for ham.

For å unngå misbruk av øyenvitne eller dårlig fremgangsmåte av falske vitnemål, befalte Gud at dommerne hørte på mange forskjellige vitner slik at de riktig kunne forstå alle sidene av saken slik at de kan gjøre kloke og diskree bedømmelser. Det er på grunn av dette at Han ba de som vitnet og de som dømte til å gjøre dette med klokhet og varsomhet.

I Femte Mosebok 19:15 sier Gud, *"Et enkelt vitne skal ikke reise seg opp mot et menneske på grunn av noen urettferdighet eller ondskap som han har begått; men saken skal bli bekreftet med to eller tre vitner."* Han fortsetter med å si i vers 16-20 at *"Hvis det viser seg at vitnet er en løgner, gir falsk vitnesbyrd imot hans bror,"* da burde han motta straffen som han hadde til hensikt å gi sitt medmenneske.

Bortsett ifra seriøse saker som dette hvor en person forårsaker et stort tap til en annen person, er det veldig mange andre tilfeller hvor mennesker forteller små løgner her og der om deres naboer i det daglige livet. Selv om en ikke lyver om hans nabo, hvis han ikke avslører sannheten i en situasjon hvor han burde ha sagt sannheten for å forsvare hans nabo, kan også dette bli sett på som å gi et falskt vitne.

Hvis en annen person blir klandret for noe galt som vi gjorde, og vi ikke sier noe på grunn av frykt med å selv få problemer, hvordan kan vi så få en ren samvittighet? Ja, Gud befaler oss til ikke å lyve, men Han befaler oss også til å ha et ærlig hjerte slik at ordene våres og handlingene våres også vil reflektere integriteten og sannheten.

Så hvilke tanker har Gud angående "Små hvite løgner" som vi forteller noen eller sier for å få noen til å føle seg bedre?

Vi besøker kanskje en venn, og han spør oss, "Spiste du?" Og selv om vi ikke hadde spist, svarer vi, "Ja, det har jeg," slik at vi ikke vil være til besvær. Men i dette tilfelle, burde vi fremdeles fortelle sannheten og si, "Nei, jeg har ikke spist, men jeg vil ikke spise akkurat nå,"

Det er eksempler på "små hvite løgner" selv i Bibelen.

I 2. Mosebok 1. kapittelet, er det en scene hvor kongen i Egypt føler seg nervøse fordi isralittene hadde vokst i store antall, og han bringer ned en spesiell orden til de hebreiske jordmødrene. Han forteller dem, *"Når du hjelper de hebreiske kvinnene med å føde skal dere se etter i fødestolen: Er det da en gutt, skal dere drepe ham; er det en pike, kan hun få leve"* (v. 16).

Men de gudfryktige hebreiske jordmødrene hørte ikke på kongen i Egypt og beholdt guttebarna i live. Når kongen tilkaldte jordmødrene og spurte, "hvorfor har du gjort dette, og latt guttene leve?" Svarte de, "På grunn av at de hebreiske kvinnene er ikke som de egyptiske kvinnene; for de er energiske og føder før jordmødrene når dem."

Og når Israels første konge, Kong Saulus, ble sjalu på David og prøvde å drepe ham fordi han var elsket høyere av menneskene enn han selv, bedro Jonathan, Saulus sønn ham for å kunne redde Davids liv.

I dette tilfelle, hvor mennesker forteller en løgn bare for en annen persons gagn, og helt ut av Guds vilje, og ikke for deres egne egoistiske motiver, vil ikke Gud automatisk straffe dem og si, "Du løy." Akkurat som han hadde gjort med de hebreiske jordmødrene, vil Han vise Hans nåde til dem, fordi de prøvde å redde liv ut av gode hensikter. Men når mennesker når et nivå med en fullstendig godhet, vi de kunne røre ved hjertet til motstanderen eller den personen som de har forbindelse med uten å måtte fortelle en "liten hvit løgn."

Det Andre, Tilføye eller Trekke Fra Ord når en Gir en Beskjed Er En Annen Måte å Gi Falsk Vitnemål På.

Dette er tilfelle når du sender en beskjed videre på en måte som forvrir sannheten—kanskje på grunn av at du tilføyde dine egne tanker eller følelser, eller tok vekk noen ord. Når noen forteller en noe, vil de fleste mennesker høre på med subjektive ører, så hvordan de forstår informasjonen vil angå dypt på deres egne følelser og tidligere erfaringer. Det er derfor når visse informasjoner blir gitt videre fra en person til en annen person, at den originale talerens budskap også lett kan bli borte.

Men selv om hvert eneste ord—og alle skilletegn—blir gitt videre riktig, avhengig av budbringerens tonegang eller vekt på spesielle ord, er det ikke til å unngå at betydningen vil forandre seg. Det er for eksempel en stor forskjell mellom noen som elskelig spør hans venn, "Hvorfor?" og noen med et ondskapsfult uttrykk på ansiktet roper ut til hans fiende, "Hvorfor?!"

Det er derfor vi må prøve å forstå hva han sier uten å sette noen personlige følelser på beskjeden når vi hører på noen. Den samme regelen gjelder når vi snakker med andre. Vi burde prøve vårt beste med å sende beskjeden videre nøyaktig som den kom ifra den originale taleren—hans aktede mening og det hele.

Og hvis inneholdet av beskjeden ikke er sant eller ikke spesielt hjelpende for tilhøreren, selv om vi kan gi beskjeden videre helt nøyaktig, er det bedre hvis vi ikke gir denne beskjeden videre i det hele tatt. Dette er på grunn av at selv om vi gir den videre med god hensikt, vil kanskje mottageren bli såret eller støtt; og hvis dette skjer, da vil vi kanskje ende opp med å røre i en uoverensstemmelse mellom menneskene.

Matteus 12:36-37 sier, *"Men jeg forteller deg at hvert eneste skjødesløse ord som mennesker sier, skal de svare for på dommens dag. For etter dine ord, skal du kjennes rettferdig, og etter dine ord skal du dømmes skyldig."* Vi burde derfor la være å si ord som ikke er sanne eller elskelige i Herren. Dette gjelder også hvordan vi burde høre på ordene.

Det Tredje, Dømme og Kritisere Andre Uten å Virkelig Forstå Hjertene Deres Er også en Form for Falsk Vitnemål mot en Nabo.

Ganske ofte vil mennesker dømme noen andres hjerte eller hensikter bare ved å se på hans uttrykk eller handlinger, bruke

Det Niende Budskapet · 149

deres egne tanker og følelser som en veiledning. De vil kamskje si, "Denne personen hadde kanskje sagt at på grunn av dette," eller de vil kanskje si, "Han hadde tydelig hatt disse hensiktene siden han handlet på denne måten."

Forestill deg at en arbeider ikke hadde handlet veldig sympatisk overfor hans sjef fordi han hadde vært nervøs i hans nye omgivelser. Sjefen ville kanskje tenke, "Denne nye personen virker ukomfortabel med meg. Kanskje er det på grunn av at jeg ga ham noen negative kritikker forrige dagen." Dette er en misforståelse som har blitt dannet av sjefen basert på hans egne oppfatninger. I et annet tilfelle er det en med et dårlig syn eller i dype tanker som spaserer rett forbi hans venn og ikke innser at hans venn står der. Vennen ville kanskje tenke, "Han gjør som om han ikke engang kjenner meg! Jeg lurer på om han er sint på meg."

Og hvis noen andre var i den samme situasjonen, vil han kanskje vise en annen reaksjon. Alle har forskjellige tanker og følelser, så hver eneste person reagerer forskjellig til visse omstendigheter. Hvis derfor alle har blitt gitt den samme motgang, vil hvert eneste individ ha et annet nivå med styrke for å overvinne. Det er på grunn av dette at når vi ser noen med smerter, at vi aldri burde dømme ham etter vår egen standard med toleranse for smerte og tenke, "Hvorfor lager han så mye oppstyr om ingenting?" Det er ikke lett å fullstendig forstå en annen persons hjerte—selv om du virkelig elsker ham og har et nært forhold til ham.

Det er også så mange andre måter mennesker feilbedømmer og misforstår andre, blir skuffet med dem, og for så til slutt å fordømme dem...alt på grunn av at de dømte andre ifølge deres egen standard. Hvis basert på vår egen standard vi dømmer en annen person, og tenker at han har en spesiell hensikt i hans hjerte, selv om han egentlig ikke har det, og så sier noe negativt om ham, gir vi falske vitnemål om ham. Og hvis vi deltar i en slik ting ved å høre på denne usannheten og bidrar til denne dommen og fordømmelsen av en spesiell person, da vil vi en gang til, begå synden med å gi falsk vitnesbyrd mot vår nabo.

De fleste mennesker tenker at hvis de selv reagerte på en situasjon på en ond måte, da vil også andre i den samme situasjonen gjøre det samme. Siden de har et svindlende hjerte, tror de at andre også har svindlende hjerter. Hvis de ser en viss situasjon eller scene og får onde tanker, vil de tenke, "Jeg har på følelsen at den personen også har onde tanker." Og siden de selv ser ned på andre, tenker de, "Den personen ser ned på meg. Han er selvgod."

Det er derfor det står i Jakobs 4:11, *"Si ikke noe imot hverandre, brødre. Han som sier noe mot en bror eller dømmer hans bror, prater mot loven og dømmer loven; men hvis han dømmer loven, er du ikke en handlingens mann, men en som dømmer de."* Hvis noen dømmer eller sier noe ille om en venn, betyr dette at han er stolt, og at han egentlig vil være akkurat som Gud, Dommeren.

Og det er viktig å vite at hvis vi prater om menneskenes svakhet og dømmer dem, begår vi en synd som er mye ondere. Matteus 7:1-5 sier, *"Døm ikke, for at dere ikke skal bli dømt! Etter dommen dere dømmer med, skal dere selv få dom, og i samme mål som dere selv måler opp med, skal det også måles opp til dere. Hvorfor ser du flisen i din brors øye, men bjelken i ditt eget øye legger du ikke merke til? Eller hvordan kan du si til din bror: 'La meg ta flisen ut av øyet ditt', når det er en bjelke i ditt eget øye? Din hykler! Ta først bjelken ut av ditt eget øye! Da vil du se klart nok til å ta flisen ut av din brors øye."*

En ting til som vi må være veldig forsiktige med er å dømme Guds ord basert på våre egne tanker. Hva som er umulig for menneskene er mulig for Gud, så når det gjelder Guds ord, burde vi aldri si, "Dette er galt."

Å Lyve ved å Overdrive eller Ikke Si Hele Sannheten

Uten noen onde hensikter, vil mennesker ofte overdrive eller ikke si hele sannheten til daglig. Hvis noen for eksempel spiste mye mat, vil vi kanskje si, "Han spiste opp alt." Og når det fremdeles er litt mat igjen, vil vi kanskje si, "Det er ikke en eneste smule igjen!" Det er til og med tider hvor etter at bare tre eller fire mennesker blir enige om noe, vi sier, "Alle var enige om det."

Det er også mange ting som mennesker ikke ser på som en løgn, men som i virkeligheten er en løgn. Det er til og med tilfeller hvor vi snakker om en situasjon hvor vi ikke virkelig kjenner til alle faktaene, og vi vil lyve på grunn av dette.

La oss for eksempel si at noen spør oss om hvor mange ansatte arbeider i et visst firma, og vi svarer, "Det er dette antall mennesker," hvor vi senere teller og innser at det egentlige antall er forskjellig. Selv om vi ikke løy med hensikt, er det vi sa fremdeles en løgn, fordi det er forskjellig fra sannheten. Så i dette tilfelle, en bedre måte å svare på spørsmålet ville være, "Jeg kjenner ikke til det nøyaktige nummeret, men jeg tror det er dette antall mennesker."

Og selvfølgelig i disse tilfellene prøvde vi ikke med hensikt å lyve med onde motiver, eller dømme andre med onde hjerter. Men hvis vi ser bare et lite hint av disse tankene og handlingene, da er det en god ide å komme til bunn av problemet. En person som er fyllt med sannhet i deres hjerte vil ikke legge til eller trekke ifra noe ifra sannheten, samme hvor lite det er.

En veldig sann og ærlig person kan motta sannheten som sannhet, og viderebefordre sannheten som sannhet. Så selv om noe er veldig lite og ubetydelig, da burde vi vite at dette betyr at vårt hjerte ikke er fullstendig fyllt med sannheten ennå. Og hvis vårt hjerte ikke er fullstendig fyllt med sannheten, betyr dette at hvis vi blir satt under en livstruende situasjon, er vi fullstendig i stand til å skade en annen person ved å lyve om ham.

Akkurat som det er skrevet i Peters 1. brev 4:11, *"Den som taler, skal se til at han taler som Guds ord,"* vi burde prøve å ikke lyve eller spøke ved å bruke usanne ord. Samme hva vi sier, burde vi alltid være sannferdige, som om vi prater Guds ord. Og vi kan gjøre dette ved å be iherdig og motta ledelsen av den Hellige Ånd.

11. Kapittel

Det Tiende Budskapet

"Du Skal Ikke begjære Din Nestes Hus"

2. Mosebok 20:17

"Du skal ikke begjære din nestes hus. Du skal ikke begjære din nestes hustru, hans tjener eller tjenestekvinne, hans okse eller esel eller noe annet som hører din neste til."

Kjenner du historien om gåsen som la de gyldne eggene, en av Aesops berømte fortellinger? Det var en gang en bonde som levde i en liten landsby som fikk en rar gås. Mens han tenkte på hva han skulle gjøre med gåsen, skjedde det noe sjokkerende.

Gåsen begynte å legge gyldne egg hver eneste morgen. Og så tenkte bonden en dag, "Det er sikket mange egg inne i denne gåsen." Og plutselig ble bonden egoistisk og ville gjerne ha en hel haug med gull så han kunne bli rik med det samme, istedenfor å måtte vente hver eneste dag for å motta et eneste gyldent egg.

Og når hans grådighet ble for stor, skjærte bonden opp gåsen, kun for å finne at det ikke var et eneste gullkorn inne i gåsen. På dette øyeblikket, innså bonden at han hadde tatt feil og angret på det han hadde gjort, men det var for sent.

Akkurat som dette har et menneskes grådighet ingen grense. Samme hvor mange innsjøer som flyter inn i havet, kan ikke havet bli fullt. Slik er menneskenes grådighet. Samme hvor mye en har, er dette ingen fullstendig tilfredsstillelse. Vi ser det hver eneste dag. Når noens grådighet blir så stor, vil han ikke engang føle seg utilfredsstilt med det han sier, men han vil også bli begjærlig og prøve å ha det som andre har, selv om det betyr at en må bruke gale metoder. Da ender han opp med å begå en forferdelig synd.

"Du Skal ikke begjære Din Nestes Hus"

For å "dekke over" noe betyr å ville ha noe som ikke tilhører en selv og så prøve å beholde noen andres eiendeler ved å bruke gale metoder; eller å ha et hjerte som gjerne vil ha alle de kjødelige tingene i verden.

De fleste forbrytelser starter med et begjærlig hjerte. Begjærlighet kan få mennesker til å lyve, stjele, rane, snyte, underslå, myrde, eller gjøre alle slags andre forbrytelser. Det er også tilfeller hvor mennesker ikke bare trakter etter de materialistiske tingene, men også stilling og berømmelse.

På grunn av disse begjærende hjertene, vil forholdene mellom søskenbarn, foreldre-barn, og til og med mann-kone bli til tider fiendtlige. Noen familier blir fiender, og istedenfor å leve lykkelige liv i sannheten, vil mennesker bli sjalue og misunnelige på de som har mere enn dem.

Det er på grunn av dette at Gud advarer oss mot begjærlighet gjennom det tiende budskapet, som er begynnelsen av synden. Gud vil også at vi skal sette tankene våres på tingene ovenfor (Kolosserne 3:2). Bare når vi søker etter det evige livet og fyller vårt hjerte med håp om himmelen kan vi finne en sann tilfredstillelse og lykke. Bare da kan vi kaste bort begjærligheten. Lukas 12:15 sier, *"Ta dere i vare for all slags grådighet! For det er ikke det en eier, som gir liv, selv om en har overflod."* Akkurat som Jesus sier, kan vi bare holde oss vekk ifra syndene og derfor få evig liv når vi kaster vekk alt begjæret.

Fremgangsmåten Hvor Begjær Kommer i en Syndig Form

Så hvordan blir et begjær til en syndig handling? La oss si at du besøkte et hjem med forferdelig mye rikdom. Huset er laget av marmor og det er utrolig stort. Huset er også fyllt med alle slags lukseriøse ting. Det er nok til å få noen til å si, "Dette huset er utrolig. Det er utrolig vakkert!"

Men mange mennesker stopper ikke bare etter at de har gitt en slik kommentar. De fortsetter med å tenke, "Jeg kunne ønske jeg hadde et slikt hus. Jeg kunne ønske jeg kunne bli like rik som den personen..." De virkelig troende vil ikke tillate at denne tanker blir til en tanke om stjeling. Men gjennom en slik tanke, "Jeg skulle ønske jeg også kunne ha dette," kan grådighet komme inn i hjertet deres.

Og hvis de får grådighet i hjertet, er det bare et spørsmål om tid før en begår en synd. Det står i Jakobs 1:15, *"Når lysten har blitt svanger, føder den synd, og når synden er moden, føder den død."* Det er noen troende som blir overvunnet av dette begjæret eller grådigheten, og som ender opp med å begå en forbrytelse.

I Josvas 7. kapittel, leser vi om Akan, som har blitt overveldet av denne type grådighet og ender opp med å dø som straff. Josva, som var lederen i Moses sted, holdt på å erobre landet Kana'an. Isralittene hadde akkurat beleiret Jeriko. Josva advarte hans folk om at alt som kommer ut av Jeriko har blitt laget for Gud, så ingen skulle gjøre noe med dem.

Men når de ser en dyr kappe og litt sølv og gull, misunte Akan dem og gjemte dem stille for seg selv. Siden Josva ikke visste om dette, fortsatte han videre for å erobre den neste byen, som var byen Ai. Siden Ai var en liten by, så isralittene det som en lett kamp. Men til deres forvirring, tapte de. Da fortalte Gud at det var på grunn av Akans synd. På grunn av dette måtte ikke bare Akan, men hele hans familie—og til og med hans buskap— dø.

I den 2. Kongeboken, femte kapittel, kan vi lese om Gehazi, Elisas tjener, som også ble spedalsk fordi han gjerne ville ha ting som han ikke hadde. Akkurat som Elisa fortalte ham, vasket general Naaman seg sju ganger i Jordan elven slik at han kunne få renset vekk hans spedalskhet. Etter at han ble helbredet, ville han gjerne gi Elisa noen gaver som et tegn på hans takknemlighet. Men Elisa nektet å motta noe som helst.

Så idet General Naaman var på vei tilbake til hans hjemland, sprang Gehazi etter ham, og gjorde som om Elisa hadde sendt ham, og spurte så etter noen varer. Han tok varene og gjemte dem. På toppen av det, snudde han seg tilbake til Elisa og prøvde å bedra ham, selv om Elisa visste hva han holdt på med helt fra begynnelsen. Og så fikk Gehazi den spedalskheten som Naaman hadde hatt.

Det var det samme tilfelle med Ananias og hans kone Saffira

fra Apostlenes gjerninger, femte kapittelet. De solgte en del av eiendommen deres og lovte å offre pengene som de hadde fått fra det til Gud. Men så fort de hadde pengene i hendene deres, forandret deres hjerte seg, og de gjemte en del av pengene for seg selv og brakte resten til apostlene. På grunn av at de hadde et begjær etter penger, prøvde de å bedra apostlene. Men å bedra apostlene er det samme som å bedra den Hellige Ånd, så sjelene deres forsvant med det samme, og de døde begge med det samme.

Misunnelige Hjerter Leder til Døden

Misunnelse er en stor synd som til slutt leder til døden. Det er derfor livsviktig for oss å kaste ut misunnelsen fra hjertene våres, så vel som fristelser og grådighet som gjør at vi vil ha det kjødelige tingene her i verden. Hva godt er det hvis du får alt det du vil i hele verden, men mister livet ditt?

På den annen side, selv om du ikke har alle rikdommene her i verden, hvis du tror på Herren og har et sant liv, da er du en virkelig rik person. Akkurat som vi lærer fra sammenligningen til den rike mannen og tiggeren Lazarus i Lukas, 16. kapittel, en sann velsignelse er å motta frelse etter at de har kastet ut et misunnelig hjerte.

Den rike mannen som ikke trodde på Gud og ikke hadde noe håp om himmelen levde et fantastisk liv—hadde på seg fine klær, tilfredstilte hans verdslige grådighet, og deltok gladelig i festing.

Men på den annen side lå tiggeren Lasarus og tigget ved den rike mannens port. Hans liv var veldig ydmykende; selv hundene kom for å slikke sårene på kroppen hans. Men midt i hjertet hans, lovpriset han Gud og hadde alltid håp om himmelen.

Til slutt døde både den rike mannen og Lasarus. Tiggeren Lasarus ble tatt av englene til Abrahams side, men den rike mannen dro til Dødsriket, hvor han ble torturert. Siden han var så tørst på grunn av smerten av flammene, ønsket den rike mannen bare etter en dråpe med vann, men de bevilget han ikke en gang dette ønsket.

Forestill deg at en rik mann fikk en annen sjanse til å leve her på jorden? Han ville kanskje ha valgt å motta evig liv i himmelen, selv om dette betydde å leve et fattig liv. Og for noen som lever et veldig fattig liv her, akkurat som Lasarus, hvis han bare lærte å frykte Gud og leve i lyset Hans, kunne han også motta velsignelsene med den materialistiske rikdommen mens han levde her på jorden.

Etter at hans kone Sara døde, ville Abraham, troens far, kjøpe hulen i Machpelah slik at han kunne begrave hans kone der. Eieren av hulen fortalte ham å ta den gratis, men Abraham nektet å ta den gratis, og betalte hele beløpet for den. Han gjorde dette fordi han ikke engang hadde en anelse misunnelse i hjertet sitt. Hvis det ikke tilhørte ham, hadde han ikke engang tanker om å eie det (Første Mosebok 23:9-19).

Abraham elsket også Gud og adlød ordet Hans; og levde et liv med ærlighet og hederlighet. Det er på grunn av dette at under livet hans her på jorden, Abraham mottok ikke bare velsignelsene med den materialsitiske rikdommen, men også velsignelsene med et langt liv, berømmelse, makt, etterkommere, og mere. Han mottok til og med den åndlige velsignelsen med å bli kaldt en 'venn av Gud'.

Åndelige Velsignelser Overstiger Alle de Materialistiske Velsignelsene

Noen ganger spør mennesker nysgjerrig, "Den personen ser ut som en slik god troende. Hvorfor ser det ikke ut som om han mottar mange velsignelser?" Hvis den personen var en sann tilhenger av Kristus og lever hver dag med en sann tro, vil vi se at Gud velsigner ham med de beste tingene.

Akkurat som det har blitt skrevet i 3. Johannes 1:2, *"Min kjære, Jeg ønsker at du på alle vis får være frisk og ha det godt, like godt som du har det åndelig,"* Gud velsigner oss slik at vår sjel er frisk, før noe annet. Hvis vi lever som Guds hellige barn, kaster ut all ondskapen fra våres hjerter og adlyder hans befalinger, vil Gud med sikkerhet velsigne oss slik at alt vil gå fint med oss, inkludert vår helse.

Men hvis noen—som har en sjel som ikke er vellykket— ser ut som om de mottar mye materialistiske velsignelser, kan vi ikke si at dette er en velsignelse ifra Gud. I dette tilfelle, kan hans rikdom egentlig gjøre ham grådig. Hans grådighet kan kanskje føre til synd, og i sin tur, vil han til slutt falle vekk ifra Gud.

Når situasjonene er harde, vil mennesker kanskje stole på Gud med et rent hjerte og tjene Ham iherdig med kjærlighet. Men altfor ofte, etter at de har mottat de materialistiske velsignelsene i deres firma eller arbeidsplass, vil hjertene deres begynne å søke etter verdslige ting og de vil begynne å gi unnskyldninger om å være altfor opptatte, og de vil ende opp med å vokse vekk ifra Gud. Når deres fortjeneste eller lønn er lav, har de en tendens til å gi deres tiendedeler helhjertet på grunn av takknemlighet, men når deres lønn øker, og deres tiendedeler også trenger å øke, er det lett for deres hjerte å skjelve. Hvis vårt hjerte forandrer seg slik, og vi vokser langt vekk fra Guds ord og til slutt bare blir som menneskene fra den sekulære verdenen, da ville velsignelsene som vi mottok egentlig ende opp med å bli vår motgang.

Men de som har vellykkede sjeler vil ikke være misunnelige på de verdslige tingene, og selv om de mottar velsignelser med ære og rikdom fra Gud, vil de ikke bli grådige etter mere. Og de vil ikke surmule eller klage bare på grunn av at de ikke har gode ting her i verden; fordi de ville være villige til å offre alt det de har—selv livet deres—for Gud.

Mennesker som har gode sjeler, vil vokte troen deres og tjene Gud samme hvilken omstendigheter de befinner seg i, og bruke velsignelsene som de mottok ifra Gud bare for Hans kongerike og ære. Og siden menneskene med en vellykket sjel ikke har den minste tendensen til å søke etter verdslige fornøyelser, eller vandre på jakt etter lystighet, eller spasere mot døden, vil Gud velsigne dem rikelig, og bare gi dem mere.

På grunn av dette er velsignelsene mye viktigere enn de fysiske velsignelsene her i verden som blekner bort i tåken. Og så må vi over alt annet motta åndelig velsignelse først.

Vi Burde Aldri Søke Etter Guds Velsignelser for å Tilfredsstille de Verdslige Ønskene

Selv om vi ikke ennå mottok de åndelige velsignelsene med en vellykket sjel, vil Han fylle oss opp når tiden er riktig, hvis vi fortsetter å spasere mot rettferdigheten og søker etter Gud med troen. Mennesker ber om at noe skal skje med det smme; men det er en tid og varighet for alt under himmelen, og Gud vet når den beste tiden kommer. Det er tider når Gud får oss til å vente slik at Han kan gi oss til og med større velsignelser.

Hvis vi spør Gud om noe fra en sann tro, da vil vi motta makten til å be hele tiden helt til vi mottar et svar. Men hvis vi spør Gud om noe ut av kjødelige ønsker, vil vi ikke motta troen for å virkelig tro, og vi vil ikke motta et svar ifra Ham, samme hvor mye vi ber.

Jakobs 4:2-3 sier, *"Du har ingenting fordi du ikke spør etter noe. Du spør, men mottar ikke, fordi du spør av gale grunner, slik at du kan bruke det på din fornøyelse."* Gud kan ikke svare oss når vi spør etter noe for å tilfredstille våre verdslige ønsker. Hvis en ung student spør hans foreldre etter penger til å kjøpe ting som han ikke burde kjøpe, da burde foreldrene ikke gi ham penger.

På grunn av dette burde vi ikke be og søke etter ting med våre egne tanker, men burde heller søke etter ting på linje med Guds vilje og med makten fra den Hellige Ånd (Judas 1:20). Den Hellige Ånd kjenner til Guds hjerte, og Han kan forstå Guds dype ting; så hvis du derfor stoler på den Hellige Ånds ledelse under bønnene, kan du hurtig motta Guds svar på alle dine bønner.

Så hvordan stoler vi på den Hellige Ånds ledelse og ber ifølge Guds vilje?

Først må vi bevæpne oss selv med Guds ord, og bruke ordene Hans på livet vårt, slik at hjertene våre kan bli lik det til Jesus Kristus. Hvis vi har et hjerte som Kristus, da vil vi naturligvis be ifølge Guds vilje, og vi kan hurtig motta et svar på alle våre bønner. Dette er fordi den Hellige Ånd, som godt kjenner Guds hjerte, vil bevokte våres hjerter slik at vi kan spørre etter de tingene som vi virkelig trenger.

Akkurat som det står i Matteus 6:33, *"Men søk først etter Hans kongerike og Hans rettferdighet, og alle disse tingene vil bli gitt til deg,"* søk først etter Gud og Hans kongerike, og spør så etter det du trenger. Hvis du ber om Guds ting først, vil du erfare at Gud heller Hans velsignelser ned på ditt liv slik at din kopp overflyter med alt du trenger her på jorden, og til og med mere.

På grunn av dette burde vi fortsette å løfte opp sanne og helhjertede bønner til Gud. Når du til daglig oppbevarer prektige bønner med den Hellige Ånds veiledning, vil all misunnelse eller syndig natur bli kastet ut av ditt hjerte for godt, og du vil motta alt det du spør om i bønnene.

Apostelen Paulus var en innbygger i det romerske keiserdømme og studerte under Gamaliel, den beste og mest kjente vitenskapsmannen på hans tid. Men Paulus var ikke interesert i tingene her i denne verden. For Kristus skyld så han på alt det han eide som søppel. Akkurat som Paulus er tingene som vi helt tydelig trenger å elske og lengte etter er det som vi har lært om Jesus Kristus, eller de sanne ordene.

Hvis vi får hele verdens rikdommer, ære, makt, o.s.v., og vi ikke har et evig liv, hva godt er disse tingene? Men hvis vi forlater alle rikdommene i verden og lever et liv ifølge Guds vilje, da vil Gud med sikkerhet velsigne oss slik at vår sjel vil vokse. Og da vil vi bli kaldt "mektige" i himmelen, og også bli vellykkede på alle områder av livene våres her på jorden.

Så jeg ber om at du kan kaste vekk all grådigheten eller begjærligheten fra ditt hjerte og ditt liv, mens du iherdig søker etter tilfredstillelse med det du allerede har, akkurat som du beholder ditt håp om himmelen. Da vet jeg at du alltid vil lede et liv som overflyter med takknemlighet og lykke.

12. Kapittel

Loven om å Holde Seg til Gud

Salomos ordspråk 8:17

"Jeg elsker de som elsker Meg; og de som iherdig søker etter Meg vil finne Meg."

I Matteus 22. kapittel, er det en scene hvor en av Fariseerne spør Jesus om hvilket budskap som er det mektigste i loven.

Jesus svarte, *"Du skal elske Herren din Gud med hele ditt hjerte, og med hele din sjel, og med hele ditt sinn. Dette er det mektigste og fremste budskapet. Det andre er i likhet med det, 'Du skal elske dine naboer like mye som du elsker deg selv.' På disse to budene hviler hele loven og profetene"* (Matteus 22:37-40).

Dette betyr at hvis vi elsker Gud med hele vårt hjerte og med hele vår sjel og med hele vårt sinn og vi elsker våre naboer like mye som oss selv, da kan vi også lett adlyde alle de andre budskapene.

Hvis vi virkelig elsker Gud, hvordan kan vi begå synder som Gud hater? Og hvis vi elsker vår nabo like mye som vi elsker oss selv, hvordan kan vi handle med ondskap mot dem?

Hvorfor Gud Ga Oss Hans Budskap

Så hvorfor gikk Gud gjennom problemet med å gi oss hvert eneste en av de Ti Budskapene, istedenfor å bare fortelle oss, "Elsk din Gud og elsk din nabo like mye som du elsker deg selv"?

Det er på grunn av at i det Gamle Testamentets tider, før tiden til den Hellige Ånd, var det vanskelig for mennesker å virkelig elske helt fra hjertene deres og av deres egen vilje. Så gjennom de Ti Budskapene, som ga isralittene akkurat nok iverksettelse til å adlyde Ham, ledet Gud dem til å elske og frykte Ham, og også elske deres naboer gjennom deres handlinger.

Hittil har vi sett nærmere på hvert budskap hver for seg, men la oss nå se på budskapene i to store grupper: kjærlighet for Gud, og kjærlighet for våre naboer.

Budskapene 1 til og med 4 kan bli oppsummert som, "Elsk Herren din Gud med hele ditt hjerte og med hele din sjel og med hele ditt sinn." Å bare tjene Gud Skaperen, ikke lage falske idoler eller tilbede dem, å være forsiktig med ikke å misbruke Guds navn, og holde Sabbaten hellig er alle måter en kan elske Gud på.

Budskapene 5 til og med 10 kan bli oppsummert som, "Elsk dine naboer like mye som du elsker deg selv." Å ære ens foreldre, advare mot mord, stjeling, gjøre falske vitnemål, misunnelse, o.s.v., er alle måter å unngå onde handlinger mot andre, eller våre naboer. Hvis vi elsker våre naboer like mye som vi elsker oss selv, ville vi ikke at de skulle gå gjennom smerter, så vi burde kunne adlyde disse budskapene.

Vi Må Elske Gud fra Hele Vårt Hjerte

Gud tvinger oss ikke til å adlyde Hans budskaper. Han leder oss til å adlyde dem på grunn av vår egen kjærlighet for Ham.

Det var skrevet i Romerne 5:8, *"Men Gud demonstrerte Hans egen kjærlighet mot oss, på den tiden vi fremdeles var syndere, døde Kristus for oss."* Gud viste Hans store kjærlighet for oss, først.

Det er vanskelig å finne noen som er villige til å dø for noe godt, eller rettferdig person, eller til og med en nære venn, men Gud sendte Hans eneste Sønn Jesus Kristus til å dø for synderne og for å frigjøre dem fra forbannelsen som de var under ifølge Loven. Så Gud demonstrerte en kjærlighet som oversteg rettferdigheten.

Og akkurat som det ble skrevet i Romerne 5:5, *"Og håpet skuffer ikke, for Guds kjærlighet er utøst i våre hjerter ved den Hellige Ånd som Han har gitt oss,"* Gud gir den Hellige Ånd i gave til alle Hans barn som aksepterer Jesus Kristus, slik at de kan fullstendig forstå Guds kjærlighet.

Det er derfor de som har blitt reddet av troen og døpt i vannet og den Hellige Ånden kan elske Gud, ikke bare med deres sinn, men virkelig fra hele deres hjerte, og tillate dem å holde seg til Hans budskap på grunn av en virkelig kjærlighet for Ham.

Guds Originale Vilje

Opprinnelig skapte Gud menneskene fordi Han ønsket å ha sanne barn som Han kunne elske, og som kunne elske Ham tilbake, helt på egen hånd. Men hvis noen adlyder alle Guds budskaper men ikke elsker Gud, hvordan kan vi si at han er en av Guds sanne barn?

En ansatt som arbeider for en lønn kan ikke arve hans arbeidsgivers firma, men arbeidsgiverens barn, som er helt forskjellig fra den ansatte, kan arve firmaet. Også de som adlyder alle Guds budskap kan motta alle de velsignelsene som Han har lovet, men hvis de ikke forstår Guds kjærlighet, kan de ikke bli Guds sanne barn.

Noen som derfor forstår Guds kjærlighet og holder seg til Hans budskap vil arve himmelen og kan leve i den vakreste delen av himmelen som Guds sanne barn. Og ved å leve ved siden av Faderen, kan han leve i all evighet i æren som skinner like mye som solen.

Gud vil at alle mennesker skal motta frelse gjennom blodet til Jesus Kristus og at de skal elsker Ham med hele deres hjerter for å leve med Ham i det nye Jerusalem, hvor tronen Hans er, og dele med Ham i Hans kjærlighet for evigheten. Det er på grunn av dette at Jesus sa i Matteus 5:17, *"Ikke tro at Jeg kom for å oppheve Loven eller Profetene; Jeg kom ikke for å oppheve, men for å utfylle."*

Vitne om Hvor Mye Vi Elsker Gud

Akkurat som dette kan vi bare fullføre Loven etter at vi forstår den virkelige grunnen til at Gud ga oss Hans budskap gjennom den kjærligheten som vi har for Gud. Siden vi har budskapene, eller loven, kan vi fysisk vise 'kjærligheten,' som er et abstrakt begrep som er vanskelig å se med det fysiske øye.

Hvis noen mennesker sa, "Gud, jeg elsker deg med hele mitt hjerte, så vær så snill og velsign meg," hvordan kan rettferdighetens Gud godkjenne deres uttalelse, hvis det ikke er noen standard å sjekke etter, før de velsigner dem? Siden vi har en standard, budskapene eller Loven, kan vi se hvis de virkelig elsker Gud med hele deres hjerte. Hvis de sier med leppene deres at de elsker Gud, men ikke beholder Sabbaten hellig som Gud hadde befalt oss om, da kan vi se at de ikke virkelig elsker Gud.

Så Guds budskap er en standard som vi kan sjekke, eller se det som bevis, på hvor mye vi elsker Gud.

Det er derfor det står i 1. Johannes 5:3, *"Å elske Gud er å holde Hans bud. Og Hans bud er ikke tunge."*

Jeg Elsker De Som Elsker Meg

Velsignelsene som vi mottar fra Gud som et resultat av at vi adlyder Hans budskap er velsignelser som ikke forsvinner eller blekner bort.

Hva skjedde for eksempel med Daniel som hadde tilfredstilt Gud fordi han hadde en sann tro og som aldri kompromitterte med verden?

Daniel kom oprinnelig ifra stammen Judeas, og en slektning av kongefamilien. Men når den Sørlige Judeas syndet mot Gud, holdt Kong Nebuchadnezzar fra Babylon hans første invasjon inn i nasjonen i 605 f. Kr. På denne tiden ble Daniel, som var veldig ung, tatt til fange til Babylon.

I følge Kongens kulturiserings politikk, ble Daniel og flere andre unge mennesker som også var i fangeskap, valgt til å leve i Nebuchadnezzars palass og mottok Chaldean undervisningen tre år.

I løpet av denne tiden spurte Daniel om ikke å få den daglige porsjonen med mat og vin fra kongen, fordi han fryktet at han ville vanhellige seg selv med mat som Gud hadde forbydd ham å spise. Som en fange hadde han ingen rett til å nekte mat som kongen hadde gitt ham, men David ville gjøre alt det han kunne for å holde hans tro ren mot Gud.

Og når han så Daniels ærlige hjerte, flyttet Gud bevoktningsofficerens hjerte slik at Daniel ikke måtte spise eller drikke kongens mat og vin.

Og med tiden reiste Daniel, som fullstendig adlød Guds budskap, seg til en stilling som statsminister til den hedenske nasjonen, Babylon. Siden Daniel hadde urokkelig tro som holdt ham vekk fra å kompromittere med verden, var Gud tilfredstilt med ham. Så selv om nasjonen forandret seg, og kongene forandret seg, forble Daniel utmerket på alle måter, og han fortsatte med å motta Guds kjærlighet.

De Som Søker Etter Meg Finner Meg

Vi kan fremdeles se en slik velsignelse i dag. For alle som tror som Daniel som ikke kompromitterer med verden og overholder Guds budskap med glede, kan vi se at Gud vesligner ham med overflytende velsignelser.

For omkring ti år siden, arbeidet en av det fire eldre for et av de topp økonomi firmaene i nasjonen. For å lokke deres kunder, holdt firmaet faste møter og drakk sammen med kundene deres, og holde golf møter på helgene var en selvfølge. På denne tiden var vår eldste en diakon, og etter at han hadde mottat denne stillingen og begynte å virkelig forstå Guds kjærlighet, uansett firmaets verdslige skikker, drakk han aldri med hans kunder, og han gikk aldri glipp av gudstjenestene på søndagene.

En dag, fortalte den administrerende direktøren i firmaet hans, "Du må velge mellom dette firmaet eller din kirke." Siden han var en naturlig sterk person, måtte han ikke tenke to ganger før hans svarte, "Dette firmaet er viktig for meg, men hvis du spør meg om å velge mellom dette firma og kirken min, vil jeg velge min kirke."

Utrolig nok rørte Gud ved den administrerende direktørens hjerte, og han ga den eldre mere tillit og han endte også opp med å bli forfremmet. Dette var ikke det hele. Rett etter dette, etter et par forfremmelser, endte den eldre opp med stillingen som firmaets administrerende direktør.

Så når vi elsker Gud og prøver å holde oss til Hans budskap, vil Gud reise oss opp slik at vi vil utmerke oss i alt det vi gjør, og Han velsigner oss på alle områdene i livet vårt.

I motsetning til loven som har blitt laget av samfunnet, vil ikke Guds lovende ord forandre seg med tiden. Samme hvilken tidsperiode vi lever i, og samme hvem vi er, hvis vi simpelthen adlyder og lever ifølge Guds ord, kan vi motta de velsignelsene som Gud har lovet oss.

Loven om å Holde Seg til Gud

De Ti Budskapene eller Loven som Gud ga til Moses vil derfor lære oss standarden på hvordan vi kan motta Guds kjærlighet og velsignelser.

Og akkurat som det har blitt skrevet i Salomos ordspråk

8:17, *"Jeg elsker de som elsker Meg; og de som iherdig søker etter Meg, vil finne Meg,"* kan vi motta Hans kjærlighet og velsignelser ifølge hvor mye vi holder oss til loven Hans.

Jesus sa i Johannes 14:21, *"Han som har Mine budskap og som lever etter dem er den som elsker Meg; og han som elsker Meg vil bli elsket av Min Fader, og jeg vil elske ham og vil vise Meg Selv for ham."*

Virker Guds lov tung eller sterk? Men hvis vi virkelig elsker Gud helt inne fra våre hjerter, da kan vi adlyde dem. Og hvis vi kaller oss selv Guds barn, burde vi naturlig adlyde dem.

Dette er måten å motta Guds kjærlighet, måten å holde seg til Gud, å møte med Gud, og til å motta Hans svar til våre bønner. Det viktigste er at loven Hans holder oss vekk ifra synd og flytter oss mot veien til frelse, så hvilken stor velsignelse er ikke Loven Hans!

Troens forfedre som Abraham, Daniel og Josef mottok velsignelser ved å bli reist høyt opp over nasjonene fordi de holdt sterkt på Guds Lov. De mottok velsignelser når de kom inn og de mottok velsignelser når de gikk ut. De nøt ikke bare slike velsignelser som dette på alle områder i livene deres, men i himmelen mottok de velsignelsen med å komme inn i æren som var like skinnende som solen.

Jeg ber i Herrens navn at du vil hele tiden holde ørene oppe til Guds ord og finne glede i HERRENs Lov og meditere på dem dag og natt, og derfor fullstendig adlyde dem.

> *"Se, jeg elsker Dine påbud!*
> *HERRE, du som er trofast,*
> *Hold meg i live!*
> *De som elsker Din lov har mye fred,*
> *Og det er ikke noe som får dem til å snuble.*
> *Jeg setter mitt håp til Din frelse, HERRE*
> Jeg har levd etter dine bud.
> Jeg skal synge om dine ord,
> For alle dine bud er rettferdige"
> (Salmenes bok 119:159, 165, 166, 172).

Forfatteren:
Dr. Jaerock Lee

Dr. Jaerock Lee ble født i Muan, Jeonnam Området, Koreas Republikk, i 1943. I tjueårene led Dr. Lee av mange forskjellige uhelbredelige sykdommer i sju år og ventet bare på døden uten noe som helst håp om helbredelse. Men en dag på våren 1974 ble han ledet til en kirke av hans søster, og når han knelte ned for å be, helbredet den Levende Gud ham med det samme av alle hans sykdommer.

Fra dette øyeblikket da Dr. Lee møtte den Levende Gud gjennom den vidunderlige erfaringen, har han elsket Gud med hele hans hjerte og ærlighet, og i 1978 ble han innkalt til å bli en tjener for Gud. Han ba iherdig slik at han klart og tydelig kunne forstå Guds vilje, fullstendig fullføre det og adlyde alle ordene til Gud. I 1982, grunnla han Manmin Sentral Kirken i Seoul, Korea, og mange av Guds arbeidere, inkludert vidunderlige helbredelser og undere, har funnet sted i denne kirken.

I 1986 ble Dr. Lee prestviet til en prest på den Årlige Forsamlingen av Jesus Sungkyul Kirken i Korea, og fire år senere i 1990, begynte hans gudstjenester å bli kringkastet i Australia, Russland, Pilippinene, og mange flere steder gjennom den Fjerne Østens Kringkastings Firma, den Asiasiske Kringkastings Stasjonen, og Washingtons Kristelige Radio System.

Tre år senere i 1993, ble Manmin Sentral Kirken valgt som en av "Verdens 50 Høyeste Kirker" av det *Christian World* magasinet (US) og han mottok en Æres Guddommelig Doktorgrad fra Christian Faith College, Florida, USA, og i 1996 en doktorgrad i filosofi i presteembete fra Kingsway Teologiske Seminar, Iowa, USA.

Siden 1993 har Dr. Lee vært i spissen for verdens verdens evangelisering gjennom mange utenlandske kampanjer i Tansania, Argentina, L.A., Baltimore, Hawaii, og New York City i USA, Uganda, Japan, Pakistan, Kenya, og Filippinene, Honduras, India, Russland, Tyskland, Peru, Den Demokratiske Republikk i Kongo, Israel og Estonia.

I 2002 ble han kaldt "verdens vekkelsespredikant" av store Kristelige aviser i Korea for hans mektige menigheter i de forskjellige utenlandske kampanjene. Hans 'New York Kampanje 2006' som ble holdt i Madison

Square Garden, den mest verdensberømte arenaen, ble spesielt kringkastet til 220 nasjoner, og i hans 'Israel Samlede Kampanje 2009' som ble holdt i det Internasjonale Konferanse Senteret i Jerusalem proklamerte han modig at Jesus Kristus er Messias og Frelseren. Hans gudstjeneste er kringkastet til 176 nasjoner via satelitter inkludert GCN TV og han ble satt som en av de 10 Mest Inflytelsesrike Kristelige Ledere i 2009 og 2010 av det Russiske populære Kristelige bladet *In Victory* og det nye firma *Christian Telegraph* for hans mektige TV kringkasting menighet og den utenlandske menigheten med kirkeprester.

Fra oktober 2014 og fremover har Manmin Sentral Kirken en menighet på mer enn 120,000 medlemmer. Det finnes 10,000 søster kirker rundt omkring på kloden inkludert 54 innenlandske søster kirker, og opp til nå har mer enn 129 misjonærer blitt sendt til 23 land, medregnet Amerika, Russland, Tyskland, Canada, Japan, Kina, Frankrike, India, Kenya, og mange flere.

Opp til datoen av denne utgivelsen har Dr. Lee skrevet 88 bøker, inkludert bestselgeren *Å Smake på Det Evige Livet Før Døden*, *Mitt Liv Min Tro I & II*, *Korsets Budskap*, *Troens Målestokk*, *Himmelen I & II*, *Helvete*, og *Guds Makt*. Hans arbeider har blitt oversatt til mer enn 76 språk.

Hans kristelige spalter står skrevet i *The Hankook Ilbo*, *The JoongAng Daily*, *The Chosun Ilbo*, *The Dong-A Ilbo*, *The Munhwa Ilbo*, *The Seoul Shinmun*, *The Kyunghyang Shinmun*, *The Hankyoreh Shinmun*, *The Korea Economic Daily*, *The Korea Herald*, *The Shisa News*, og *The Christian Press*.

Dr. Lee er for tiden lederen av mange misjonsorganisasjoner og foreninger: inkludert Formann, The United Holiness Church of Jesus Christ; President, Manmin World Mission; Permanent President, The World Christianity Revival Mission Association; Founder & Board Chairman, Global Christian Network (GCN); Founder & Board Chairman, World Christian Doctors Network (WCDN); and Founder & Board Chairman, Manmin International Seminary (MIS).

Andre prektige bøker fra den samme forfatteren

Himmelen I & II

Et detaljert utdrag av de forferdelig flotte omgivelsene som de himmelske innbyggerne nyter og vakker beskrivelse om forskjellige nivåer av de himmelske kongerikene.

Korsets Budskap

Et mektig og oppvekkende budskap for alle menneskene som sover åndelig! I denne boken vil du finne grunnen til at Jesus er den eneste Frelseren og Guds virkelige kjærlighet.

Helvete

Et oppriktig budskap til alle mennesker ifra Gud, som ikke ønsker at en eneste sjel skal falle inn i dypet av helvete! Du vil oppleve en beretning som aldri før har blitt avslørt om den grusomme virkeligheten til det Lavere Dødsrike og helvete.

Ånd, Sjel og Kropp I & II

En reisehåndbok som gir oss åndelig forståelse angående ånden, sjelen, og kroppen, og som hjelper oss å finne hva slags 'ego' vi har laget, slik at vi kan få makten til å seire over mørket og bli et åndelig menneske.

Troens Målestokk

Hva slags oppholdssted, kroner og belønninger blir forberedt for deg i himmelen? Denne boken gir deg visdom og veiledning slik at du kan måle din tro og kultivere den beste og mest modne troen.

Våkn Opp Israel

Hvorfor har Gud holdt øye med Israel helt fra verdens begynnelse og til denne dagen? Hva slags forsyn har Han forberedt for Israel de siste dagene, de som venter på Messias?

Mitt Liv, Min Tro I & II

Den vakreste åndelige duften fra livet som blomstret sammen med en uforlignelig kjærlighet for Gud, midt i de mørke bølgene, kalde åkene og de dypeste fortvilelsene.

Guds Makt

Dette er noe som en må lese og som gir oss en nødvendig veiledning hvor en kan ha sann tro og erfare Guds vidunderlige makt.

www.urimbooks.com

www.ingramcontent.com/pod-product-compliance
Lightning Source LLC
LaVergne TN
LVHW041808060526
838201LV00046B/1170